KUHINJA NAJBOLJ SONČNEGA MESTA V FRANCIJI, KI JO JE NAVDIHNILA TRŽNICA NICOISE

Gastronomsko popotovanje skozi živahno kulinarično sceno Nice

SUZANA VIDIC

Avtorski material ©2024

Vse pravice pridržane

Nobenega dela te knjige ni dovoljeno uporabljati ali prenašati v kakršni koli obliki ali na kakršen koli način brez ustreznega pisnega soglasja založnika in lastnika avtorskih pravic, razen kratkih citatov, uporabljenih v recenziji. Ta knjiga se ne sme obravnavati kot nadomestilo za zdravniški, pravni ali drug strokovni nasvet.

KAZALO

- KAZALO 3
- UVOD 6
- ZAJTRK 7
  - 1. Omleta Niçoise 8
  - 2. Niçoise solata za zajtrk 10
  - 3. Toast z avokadom Niçoise 12
  - 4. Zavitek za zajtrk Niçoise 14
  - 5. Fougasse aux olive 16
  - 6. Prekuhana jajca Nicoise 18
  - 7. Salade de Fruits (solata iz svežega sadja) 20
  - 8. Niçoise umešana jajca 22
  - 9. Niçoise Beignets 24
  - 10. Zajtrk Chaussons Aux Pommes 26
  - 11. Niçoise Tartine za zajtrk z jajcem in paradižnikom ... 28
  - 12. Niçoise Eggs En Cocotte 30
  - 13. Omleta Ratatouille 32
- PREDJEDI 34
  - 14. Mesnine po navdihu Niçoise 35
  - 15. Tunin tartar z olično tapenado 37
  - 16. Spomladanski zvitki solate Niçoise 39
  - 17. Grižljaji Niçoise z bučkami in kozjim sirom 41
  - 18. Crostini s sardoni in pečeno rdečo papriko 43
  - 19. Pissaladière 45
  - 20. Pan Bagnat 47
  - 21. tapenada 49
  - 22. Niçoise čebulna torta 51
  - 23. Niçoise sirni sufle 53
  - 24. Razprodaja torte Niçoise 55
  - 25. Niçoise olična tapenada 57
  - 26. Provansalska paradižnikova brusketa z baziliko ... 59
  - 27. Krompirjeva solata Niçoise 61
  - 28. Piščančji kanapeji Niçoise 63
  - 29. Rouille Dip 65
  - 30. Pokovka Herbes de Provence 67
  - 31. Crostini s kozjim sirom in medom 69
- SOLATE 71
  - 32. Klasična solata Niçoise s tuno na žaru 72
  - 33. Solata Niçoise s tuno 74
  - 34. Niçoise solata Mason jar 76

35. Niçoise solata z belo ribo 79
36. Niçoise solata 81
37. Niçoise sklede z lečo in dimljenim lososom 83
38. Pečena solata iz modroplavutega tuna Niçoise 85
39. Dekonstruirana solata Nicoise 87
40. Solata Nicoise s tuno na žaru 89
41. Mostaccioli solata Nicoise 91
42. Klasična solata Nicoise s tuno 93
43. Solata Nicoise z dimljenim lososom Niçoise 95
44. Solata s tuno in inčuni Nicoise 97
45. Polnjena solata Nicoise 99
46. Niçoise sklede z lečo in dimljenim lososom 101

GLAVNA JED 103
47. Socca niçoise obloge 104
48. Niçoise pečen losos 107
49. Piščančja nabodala Niçoise 109
50. Vegetarijanec Niçoise Ratatouille 111
51. Ratatouille Provençale 113
52. Solata s tuno in belim fižolom 115
53. Niçoise Classic Salade Lyonnaise 117
54. Gratiniran pastinak Niçoise s timijanom in grujerom 119
55. Niçoise Filet Mignon z omako Béarnaise 121
56. Niçoise Beef Bourguignon pita 123
57. Niçoise Bouillabaisse 125
58. Niçoise pečen piščanec in krompir 127
59. Kanapeji z dimljenim lososom Niçoise 129
60. Niçoise Sole Meunière 131
61. Jagnjetina Ratatouille 133
62. Provansalski piščanec z zelišči 135
63. Pissaladière 137
64. Niçoise piščančja enolončnica e 139
65. Piščanec z gorčico Niçoise 141
66. Goveja enolončnica Niçoise 143
67. Niçoise brancin Au Pistou 145
68. Niçoise Coq Au Vin 147
69. Niçoise piščančja kaša 149
70. Niçoise Potato Dauphinoise 151
71. Niçoise gobe Bourguignon 153
72. Fižol in zelenjava Cassoulet 155
73. Zelenjavni kruh Niçoise Pizza a 157
74. Niçoise krompir Au Vin 159
75. Niçoise Ratatouille 161
76. Zelenjavna enolončnica Niçoise 163
77. Vegetarijanska štruca Niçoise 165

78. Gratinirana zelenjava Niçoise 167
79. Niçoise Vegetable Niçoise Dip sendvič 169
80. Enolončnica iz belega fižola Niçoise 171
81. Niçoise Mandljev Niçoise Toast 173
82. Enolončnica iz leče Niçoise 175
83. Čebulne testenine v enem lončku Niçoise 177
84. Solata iz leče Niçoise s kozjim sirom 179
85. Umetna solata Niçoise 181
86. Niçoise kokosova juha iz leče s karijem 183
87. Niçoise stročji fižol 185

SLADICA 187

88. Panna Cotta s sivko in medom 188
89. Torta iz pomaranč in olivnega olja 190
90. Niçoise Palmier Piškotek s 192
91. Niçoise Caneles 194
92. Niçoise Cherry Clafoutis 196
93. Niçoise kokosova pita 198
94. Tartleti meringue s pasijonko in limono 200
95. Niçoise Pear Ta rt 202
96. Strawberry Frasier in torta iz šifona Lillet 204
97. Niçoise Poire z oranžno 206
98. Niçoise čokoladni mousse 208
99. Niçoise čokoladno pecivo 210
100. Niçoise kremasta pita 212

ZAKLJUČEK 214

UVOD

Podajte se na gastronomsko popotovanje po živahnih tržnicah in s soncem obsijanih ulicah Nice z "Kuhinja najbolj sončnega mesta v franciji, ki jo je navdihnila tržnica nicoise" Ta kuharska knjiga vas vabi k raziskovanju bogate tapiserije okusov, ki opredeljujejo kulinarično prizorišče Nice – mesta, kjer se sveži pridelki, sredozemski vplivi in veselje do življenja združijo, da ustvarijo kulinarično zatočišče. S 100 natančno izbranimi recepti se nam pridružite, ko bomo slavili s soncem obsijani čar in gastronomske užitke, zaradi katerih je kulinarika Niçoise pravo utelešenje duha francoske riviere.

Predstavljajte si živahne tržnice, polne pisanih pridelkov, arome zelišč in začimb, ki se mešajo v zraku, in modre vode Sredozemlja, ki služijo kot ozadje živahnim kavarnam na prostem. »Niçoise« ni le kuharska knjiga; je oda tržnicam, morju in provansalskemu šarmu, ki opredeljuje kulinarično pokrajino Nice. Ne glede na to, ali hrepenite po eleganci bouillabaisse, preprostosti salade niçoise ali sladkosti tarte aux citrons, so ti recepti oblikovani tako, da vas popeljejo v osrčje francoske riviere.

Od morskih dobrot do aromatičnih zelišč in od sveže zelenjave na trgu do razvajajočih sladic, vsak recept je praznovanje okusov, ki se bohotijo pod najbolj sončnim nebom Nice. Ne glede na to, ali ste izkušen kuhar, ki si želi poustvariti okuse mesta, ali pustolovski domači kuhar, ki išče navdih, je "Niçoise" vaš vodnik, da na vašo mizo prenesete toplino in živahnost Nice.

Pridružite se nam, ko bomo raziskovali živahno kulinarično sceno Nice, kjer vsaka jed pripoveduje zgodbo o tržnicah, morju in radostni umetnosti uživanja v življenju. Torej, naberite svoje oljčno olje, objemite zelišča in se podajte na gastronomsko potovanje skozi "Kuhinja najbolj sončnega mesta v franciji, ki jo je navdihnila tržnica nicoise"

ZAJTRK

1.Omleta Niçoise

SESTAVINE:
- 4 jajca
- 1/2 skodelice češnjevih paradižnikov, prepolovljenih
- 1/4 skodelice oliv Kalamata, izkoščičenih in narezanih
- 2 žlici sveže nasekljane bazilike
- 1/2 skodelice koščkov tune, kuhane
- 1 žlica olivnega olja
- Sol in poper po okusu

NAVODILA:
a) Jajca stepemo in začinimo s soljo in poprom.
b) V ponvi segrejemo olivno olje.
c) Razžvrkljana jajca vlijemo v ponev.
d) Dodajte paradižnik, olive, baziliko in koščke tune.
e) Kuhajte, dokler se omleta ne strdi, nato prepognite in postrezite.

2.Niçoise solata za zajtrk

SESTAVINE:
- 2 skodelici mešanega zelenja
- 1/2 skodelice kuhanega mladega krompirja, prepolovljenega
- 1/4 skodelice zelenega fižola, blanširanega in sesekljanega
- 2 kuhani jajci, narezani na rezine
- 1/4 skodelice češnjevih paradižnikov, prepolovljenih
- 2 žlici oliv Niçoise
- 2 žlici olivnega olja
- 1 žlica rdečega vinskega kisa
- Sol in poper po okusu

NAVODILA:
a) Zmešano zelenje razporedimo po krožniku.
b) Po vrhu z mladim krompirjem, stročjim fižolom, kuhanimi jajci, paradižniki in olivami.
c) V majhni skledi zmešajte oljčno olje, rdeči vinski kis, sol in poper.
d) Preliv pokapajte po solati in premešajte, preden jo postrežete.

3.Toast z avokadom Niçoise

SESTAVINE:
- 2 rezini polnozrnatega kruha, popečen
- 1 zrel avokado, pretlačen
- 1/2 skodelice češnjevih paradižnikov, prepolovljenih
- 2 žlici narezanih oliv Niçoise
- 1 žlica kaper
- 1 žlica svežega peteršilja, sesekljanega
- Limonin sok
- Sol in poper po okusu

NAVODILA:

a) Na popečene rezine kruha enakomerno porazdelite pretlačen avokado.

b) Po vrhu potresemo češnjeve paradižnike, olive, kapre in svež peteršilj.

c) Prelive iztisnite z limoninim sokom in začinite s soljo in poprom.

4. Zavitek za zajtrk Niçoise

SESTAVINE:
- 1 velik polnozrnat zavitek
- 1/2 skodelice kuhane kvinoje
- 1/4 skodelice konzervirane čičerike, odcejene in oprane
- 1/4 skodelice češnjevih paradižnikov, prepolovljenih
- 2 žlici narezanih oliv Niçoise
- 1 žlica feta sira, zdrobljenega
- Listi sveže bazilike
- Olivno olje

NAVODILA:
a) Zavitek položite ravno in na sredino razporedite kuhano kvinojo.
b) Dodajte čičeriko, češnjeve paradižnike, olive, feto in svežo baziliko.
c) Pokapljamo z oljčnim oljem.
d) Strani zavitka prepognite in zvijte ter po potrebi pritrdite z zobotrebci. Prerežemo na pol in postrežemo.

5.Fougasse aux olive

SESTAVINE:
- 1 žlica kvasa za kruhomat
- 2½ skodelice moke za kruh
- 2 čajni žlički sladkorja
- ¼ čajne žličke soli
- ½ skodelice toplega mleka
- ½ skodelice vode
- ¼ skodelice sadnega oljčnega olja, + dodatek za premazovanje testa
- ⅓ skodelice sesekljanih Niçoise ali zelenih oliv

NAVODILA:

a) Zmešajte kvas, moko, sladkor, sol, mleko, vodo in ¼ skodelice oljčnega olja v pekaču kruhomata in obdelajte na nastavitvi testa. Na koncu cikla testo zvrnemo na rahlo pomokano desko in vgnetemo olive.

b) Pekač za kruh obrnemo na testo in ga pustimo počivati 15 minut.

c) Testo razdelite na dva enaka kosa in vsak kos razvaljajte v pravokotnik velikosti 8 ~ x 10 palcev. Vsak pravokotnik položite na pekač, obložen s peki papirjem.

d) Naredite dve vrsti po 6 do 8 enakomerno razporejenih diagonalnih poševnic, tako da prerežete do konca testo.

e) Te reže odprite tako, da jih z rokami dobro potegnete narazen. Kruhke premažemo z olivnim oljem in pustimo vzhajati, dokler se testo ne napihne, približno 20 minut.

f) Pečico segrejte na 375 F. Ko so kruhki napihnjeni, jih pecite v vroči pečici 15 do 20 minut ali dokler niso zlato rjavi. Ohladite na rešetki.

g) Najbolje jih je zaužiti na dan, ko so narejeni, lahko pa jih shranite v plastični foliji.

6.Prekuhana jajca Nicoise

SESTAVINE:
- 6 jajc
- 2 žlici črnih oliv, mletih
- 1 majhen paradižnik, brez semen in mlet
- 1 čajna žlička dijonske gorčice
- Sok 1 limone
- 1 žlica olivnega olja
- 1 žlica navadnega grškega jogurta
- 2 žlici svežega peteršilja, mletega, plus več za okras

NAVODILA:

a) Predgrejte vodno kopel na 170°F.
b) V vrečko položite jajca. Zaprite z vodo Navodila, nato postavite v kopel. Kuhajte 1 uro.
c) Jajca damo v skledo s hladno vodo, da se ohladijo. Vsako jajce previdno olupimo in po dolžini prerežemo na pol.
d) V skledo zajemamo rumenjake. Vmešajte olive, paradižnik, gorčico, limono, olje, jogurt in peteršilj.
e) Beljake nadevamo z rumenjakovo mešanico. Okrasite s peteršiljem.

7.Salade de Fruits (solata iz svežega sadja)

SESTAVINE:
- Razno sveže sadje (npr. jagode, breskve, melone) - približno 2 skodelici
- Listi mete za okras
- 2 žlici medu
- Sok ene limone

NAVODILA:
a) Sveže sadje narežite na kocke in jih zmešajte v posodi za mešanje.
b) Sadje pokapljajte z medom in limoninim sokom ter nežno premešajte, da se prekrije.
c) Okrasite z lističi mete in postrezite ohlajeno.

8.Niçoise umešana jajca

SESTAVINE:
- Dve žlici masla
- Pol skodelice težke smetane
- Ščepec soli
- Ščepec črnega popra
- Dve žlici sesekljanega svežega drobnjaka
- Štiri jajca
- Ena rdeča čebula
- Ena čajna žlička sesekljanega česna
- Rezine kruha Niçoise

NAVODILA:
a) Vzemite veliko ponev.
b) Dodajte maslo in pustite, da se stopi.
c) Dodamo sesekljano čebulo.
d) Čebulo pokuhamo do mehkega.
e) Dodamo sesekljan česen.
f) Čebulo in česen mešajte dve minuti.
g) Dodamo jajca in pustimo kuhati.
h) Mešanico premešajte.
i) Dodajte sol in poper.
j) Na koncu dodajte smetano.
k) Ko so jajca gotova, jih odcedimo.
l) Na vrh dodamo sesekljan svež drobnjak.

9. Niçoise Beignets

SESTAVINE:
- Pol skodelice masla
- Štiri jajca
- Dve skodelici moke
- Ena skodelica mleka
- Ena žlica pecilnega praška
- Sladkor v prahu, ena skodelica

NAVODILA:
a) Vzemite veliko skledo.
b) V veliki skledi zmešajte vse sestavine razen sladkorja v prahu.
c) Iz zmesi oblikujemo na pol gosto testo.
d) Segrejte ponev polno olja.
e) V olje dodajte maso v velikosti žlic.
f) Popecite beignets.
g) Beignete postrežemo, ko postanejo zlato rjavi.
h) Beignets ohladite.
i) Po vseh beignetah dodajte sladkor v prahu.

10. Zajtrk Chaussons Aux Pommes

SESTAVINE:
- Pol skodelice polnomastnega mleka
- Ena žlica sladkorja
- Ena skodelica večnamenske moke
- Dve jajci
- Pet žlic masla
- Ena skodelica težke smetane
- Ena čajna žlička ekstrakta vanilije
- Ena skodelica jabolk

NAVODILA:
a) Vzemite ponev in vanjo dodajte vodo.
b) Dodajte mu mleko, maslo, sladkor, smetano, vanilijev ekstrakt in sol.
c) Celotno mešanico zavremo.
d) Vanj dodajte moko in dobro premešajte.
e) Mešanico kuhajte dve minuti.
f) Odstranite ga, ko je testo oblikovano.
g) Testo prestavimo v skledo.
h) Vanj dodajte jajca.
i) Najbolje mešajte, dokler testo ne postane gladko.
j) Naredite oblačke želene oblike.
k) Med kolačke dodamo sesekljana jabolka.
l) Pečemo ga dvajset minut.

11. Niçoise Tartine za zajtrk z jajcem in paradižnikom

SESTAVINE:
- Dve žlici majoneze
- Solatni listi
- Pol skodelice težke smetane
- Tri žlice dijonske gorčice
- Niçoise tartine kruh
- Ena skodelica posušenih češnjevih paradižnikov
- Dve čajni žlički limoninega soka
- Ena čajna žlička sladkorja
- Štiri ocvrta jajca

NAVODILA:
a) Vzemite veliko skledo.
b) V skledi zmešajte majonezo, smetano, limonin sok in sladkor, dokler ne nastane homogena zmes.
c) Rezine kruha popečemo.
d) Na rezine kruha dodajte liste solate.
e) Na vrh rezin dodajte mešanico majoneze.
f) Na vrh dodajte ocvrta jajca in posušene paradižnike.
g) Na vrh vsake rezine pokapajte dijonsko gorčico.

12. Niçoise Eggs En Cocotte

SESTAVINE:
- Dve žlici masla
- Pol skodelice težke smetane
- Ščepec soli
- Ščepec črnega popra
- Dve žlici sesekljanega svežega drobnjaka Štiri jajca
- Ena čajna žlička provansalskih zelišč
- Rezine kruha Niçoise

NAVODILA:
a) Vzemite veliko skledo.
b) Dodajte vse sestavine, razen drobnjaka.
c) Vse skupaj dobro premešamo.
d) Zmes vlijemo v pekač.
e) Posodo postavite v vodno kopel.
f) Jajca pečemo deset do petnajst minut.
g) Po končanem posodi.
h) Na vrh dodamo sesekljan svež drobnjak.

13. Omleta Ratatouille

SESTAVINE:
- 4 jajca
- 1/2 skodelice na kocke narezane paprike
- 1/2 skodelice narezane bučke
- 1/2 skodelice narezanega jajčevca
- 1/4 skodelice narezane rdeče čebule
- 2 žlici olivnega olja
- Sol in poper po okusu

NAVODILA:
a) V ponvi na oljčnem olju prepražimo papriko, bučke, jajčevce in rdečo čebulo, dokler niso mehke.
b) V skledi stepemo jajca in jih začinimo s soljo in poprom.
c) Jajca prelijemo čez dušeno zelenjavo in nežno mešamo, dokler se jajca ne skuhajo.
d) Omleto postrezite vročo, po želji jo okrasite s svežimi zelišči.

PREDJEDI

14. Mesnine po navdihu Niçoise

SESTAVINE:
- Raznovrstno suhomesnato meso (kot so saucisson, jambon de Bayonne, pašteta ali rillettes)
- Francoski siri (kot so Brie, Camembert, Roquefort ali Comté)
- Rezine bagete ali francoski kruh
- Cornichons (majhne kumarice)
- Dijonska gorčica
- Niçoise Olive
- Grozdje ali narezane fige
- Orehi ali mandlji
- Sveža zelišča (na primer peteršilj ali timijan) za okras

NAVODILA:
a) Izberite veliko leseno desko ali krožnik, da uredite svoje francosko navdahnjene mesnice.
b) Začnite z razporeditvijo suhomesnatih izdelkov na desko. Zvijte ali zložite jih in jih postavite v privlačen vzorec.
c) Francoski sir narežemo na rezine ali kolesca in jih razporedimo poleg suhomesnatih izdelkov.
d) Na desko dodajte svežnj rezin bagete ali francoskega kruha, ki bo klasična priloga k mesu in sirom.
e) Na desko postavite majhno skledo dijonske gorčice za namakanje ali mazanje kruha.
f) Dodajte skledo kornišonov, ki so tradicionalne francoske kisle kumarice, da dopolnite okuse mesnin.
g) Na desko raztresite različne olive in zapolnite vse preostale vrzeli.
h) Po deski položite grozde svežega grozdja ali narezane fige, da dodate kanček sladkosti.
i) Po deski potresemo orehe ali mandlje za dodatno teksturo in okus.
j) Desko okrasite s svežimi zelišči za piko na i.
k) Postrezite francosko navdahnjeno desko za mesne izdelke kot predjed ali osrednji del vašega srečanja, tako da lahko gostje uživajo v čudoviti kombinaciji okusov in tekstur.

15. Tunin tartar z oljčno tapenado

SESTAVINE:
- Sveža tuna za suši, narezana na kocke
- 1/4 skodelice črnih oliv, izkoščičenih in narezanih
- 1 žlica sesekljanih kaper
- 1 žlica svežega peteršilja, drobno sesekljanega
- 1 žlica ekstra deviškega oljčnega olja
- 1 čajna žlička dijonske gorčice
- Limonin sok po okusu
- Sol in poper po okusu
- Rezine bagete za serviranje

NAVODILA:
a) V skledi zmešamo na kocke narezano tunino z olivami, kaprami, peteršiljem, oljčnim oljem, dijonsko gorčico in limoninim sokom.
b) Začinimo s soljo in poprom.
c) Tunin tatar postrezite na rezinah bagete.

16. Spomladanski zvitki solate Niçoise

SESTAVINE:
- Ovitki iz riževega papirja
- Listi rimske solate
- Konzervirana tuna, v kosmičih
- Češnjev paradižnik, prepolovljen
- Niçoise olive, narezane
- Trdo kuhana jajca, narezana
- Kuhan stročji fižol, blanširan
- Listi sveže bazilike
- Oljčno olje in balzamični kis za pomakanje

NAVODILA:
a) Ovoj riževega papirja namočite v toplo vodo, dokler ni upogljiv.
b) Položite ovoj ravno in ga napolnite s solato, tunino, paradižniki, olivami, jajci, stročjim fižolom in baziliko.
c) Tesno zvijte in ponovite.
d) Pomladne zavitke postrezite z omako iz oljčnega olja in balzamičnega kisa.

17. Grižljaji Niçoise z bučkami in kozjim sirom

SESTAVINE:
- Rezine bučk
- Kozji sir
- Češnjev paradižnik, prepolovljen
- Olive Niçoise, brez koščic
- Listi svežega timijana
- Olivno olje
- Balzamična glazura za prelivanje

NAVODILA:
a) Rezine bučk pecite na žaru ali jih pecite, dokler niso mehke.
b) Vsako rezino bučke potresemo z majhno količino kozjega sira, polovico češnjevega paradižnika in olivo.
c) Potresemo z listi svežega timijana in pokapamo z oljčnim oljem ter balzamično glazuro.
d) Postrezite kot elegantne kanapeje po navdihu Niçoise.

18. Crostini s sardoni in pečeno rdečo papriko

SESTAVINE:
- Rezine bagete, popečene
- Fileti inčunov
- Pečena rdeča paprika, narezana
- Kremni kozji sir
- Listi sveže bazilike
- Olivno olje za pokapanje

NAVODILA:
a) Vsako popečeno rezino bagete namažite s plastjo kozjega sira.
b) Na vrh položite file inčuna in rezino pečene rdeče paprike.
c) Okrasite z listi sveže bazilike in pokapajte z olivnim oljem.
d) Te krostinije postrezite kot okusno predjed, ki jo je navdihnil Niçoise.

19. Pissaladière

SESTAVINE:
- Testo za pico ali listnato testo
- 2 veliki čebuli, narezani na tanke rezine
- 1/4 skodelice olivnega olja
- 1 čajna žlička posušenega timijana
- Inčuni (v pločevinkah ali v kozarcih)
- Črne olive, brez koščic

NAVODILA:
a) Pečico segrejte na 400°F (200°C).
b) Na oljčnem olju prepražimo čebulo, dokler ne karamelizira, nato pa vanjo vmešamo posušen timijan.
c) Testo za pico ali listnato testo razvaljamo in preložimo na pekač.
d) Po testu enakomerno razporedimo karamelizirano čebulo, križasto razporedimo sardone, med sardone položimo olive.
e) Pečemo toliko časa, da se skorja zlato zapeče. Narežemo in postrežemo toplo ali pri sobni temperaturi.

20. Pan Bagnat

SESTAVINE:
- Bagueta Niçoise ali okrogel kruh
- Tuna v pločevinkah, odcejena
- Češnjev paradižnik, prepolovljen
- Rdeča čebula, tanko narezana
- Zelena paprika, narezana na tanke rezine
- Črne olive, narezane
- Oljčno olje, rdeči vinski kis, sol in poper za preliv

NAVODILA:
a) Bageto prerežite na pol in iz središča izdolbite nekaj kruha.
b) V skledi zmešamo tuno, paradižnik, rdečo čebulo, papriko in olive.
c) V drugi skledi zmešajte olivno olje, rdeči vinski kis, sol in poper za preliv.
d) Bageto napolnimo s tunino mešanico, prelijemo s prelivom in polovice stisnemo skupaj. Zavijte v plastiko in pustite nekaj časa stati, da se okusi prepojijo.

21.tapenada

SESTAVINE:
- 1 skodelica izkoščičenih črnih oliv
- 2 žlici kaper
- 2 fileja inčunov
- 1 strok česna
- 2 žlici svežega limoninega soka
- 1/4 skodelice olivnega olja
- Svež peteršilj za okras

NAVODILA:
a) V kuhinjskem robotu zmešajte olive, kapre, inčune, česen in limonin sok.
b) Utripajte, dokler mešanica ne postane groba pasta.
c) Pri delujočem procesorju počasi prilivajte olivno olje, dokler se dobro ne premeša.
d) Okrasite s sesekljanim svežim peteršiljem. Postrezite s hrustljavim kruhom ali krekerji.

22. Niçoise čebulna torta

SESTAVINE:
- Dve žlici provansalskih zelišč
- Pol skodelice masla
- Paket testa za tart
- Pol skodelice smetane
- Dve žlici mletega česna
- Dve skodelici čebule
- Dve žlici oljčnega olja
- Maslo za mazanje

NAVODILA:
a) Vzemite veliko ponev.
b) V ponev dodajte olje in čebulo.
c) Čebulo prepražimo in ji dodamo začimbe in česen.
d) Ko je kuhan, ga ohladimo.
e) Vzemite veliko skledo.
f) Dodajte smetano in jo dobro stepite.
g) Penasto naredimo in nato dodamo maslo.
h) Mešanico dobro premešajte in nato dodajte mešanico čebule na maslu.
i) Mešanico pravilno premešajte.
j) Testo za tart nadevamo v pomaščene pekače za tart.
k) Jed pravilno pečemo deset do petnajst minut.
l) Na vrh dodajte sesekljan koriander.

23. Niçoise sirni sufle

SESTAVINE:
- Osem jajc
- Štiri kapljice limoninega soka
- Dve skodelici mleka
- Ščepec soli
- Pet unč sira gruyere
- Pol skodelice moke
- Pet žlic masla

NAVODILA:
a) Vzemite veliko skledo.
b) Dodajte vse sestavine v skledo.
c) Vse sestavine dobro premešamo.
d) Zmes vlijemo v pekač.
e) Jed pečemo dvajset minut.

24. Razprodaja torte Niçoise

SESTAVINE:
- Dve žlici oljčnega olja
- Pol skodelice sesekljane šalotke
- Ena čajna žlička mletega česna
- Skodelica in pol večnamenske moke
- Ščepec črnega popra
- Ščepec soli
- Pol skodelice mleka
- Skodelica in pol sira
- Tri cela jajca

NAVODILA:
a) Vzemite veliko ponev.
b) V ponev dodajte dve žlici olivnega olja in sesekljano šalotko.
c) Šalotko kuhamo nekaj minut, da postane svetlo rjava.
d) V ponev dodajte sesekljan česen.
e) V ponev dodajte sol in črni poper ter dobro premešajte.
f) Ugasnemo štedilnik in pustimo, da se mešanica ohladi.
g) Vzemite veliko skledo.
h) V skledo dodajte jajca in mleko.
i) Dobro premešamo in nato v skledo dodamo moko in kuhano zmes.
j) Vse skupaj dobro premešamo.
k) Zmes vlijemo v pomaščen pekač.
l) Dodajte sir na vrh testa.
m) Pekač postavimo v ogreto pečico in štruco spečemo.
n) Štruco po štiridesetih minutah vzamemo.

25. Niçoise oljčna tapenada

SESTAVINE:
- Skodelica in pol inčunov
- Ena žlica sesekljanih kaper
- Pol skodelice črnih oliv
- Dve žlici timijana
- Pol čajne žličke soli
- Dve čajni žlički mletega česna
- Ena čajna žlička oljčnega olja

NAVODILA:
a) Vzemite mešalnik.
b) Dodajte vse sestavine v mešalnik.
c) Zmešajte vse sestavine.
d) Odstranite, ko je pravilno zmešano.
e) Postrežemo z rezinami kruha.

26. Provansalska paradižnikova brusketa z baziliko

SESTAVINE:
- Rezine bagete
- Zrel paradižnik, narezan na kocke
- Sveža bazilika, sesekljana
- Strok česna, mleto
- Olivno olje
- Balzamični kis
- Sol in poper po okusu

NAVODILA:
a) Rezine bagete popečemo v pečici ali na žaru.
b) V skledi zmešamo na kocke narezan paradižnik, baziliko, sesekljan česen, olivno olje in balzamični kis.
c) Začinimo s soljo in poprom.
d) Paradižnikovo mešanico naložimo na popečene rezine bagete in postrežemo.

27.Krompirjeva solata Niçoise

SESTAVINE:
- Tri žlice zelenjavne juhe
- Ena skodelica korenčka
- Pol skodelice svežega timijana
- Ena skodelica krompirja Niçoise
- Pol čajne žličke prekajene paprike
- Dve žlici mletega česna
- Pol skodelice sesekljane zelene
- Dve žlici oljčnega olja
- Dve žlici medu
- Pol skodelice dijonske gorčice

NAVODILA:
a) Vzemite veliko ponev.
b) V ponev dodajte olje in krompir.
c) Krompir prepražimo in mu nato dodamo zelenjavno juho.
d) Krompir naj se kuha približno trideset minut oziroma dokler tekočina v ponvi ne izhlapi.
e) Dodajte preostale sestavine v skledo.
f) Vse sestavine dobro premešamo, da nastane homogena zmes.
g) Na vrh mešanice dodajte kuhan krompir.
h) Solato premešajte, da se prepričate, da je vse dobro premešano.

28. Piščančji kanapeji Niçoise

SESTAVINE:
- Dve žlici oljčnega olja
- Pol skodelice sesekljanega svežega kopra
- Ena skodelica kuhanega piščanca
- Rezine kruha
- Ena skodelica sesekljanega svežega drobnjaka
- Ena skodelica narezanih paradižnikov
- Ena čajna žlička mešanice začimb v prahu
- Ena skodelica čebule
- Pol čajne žličke prekajene paprike
- Ena skodelica crème fraiche
- Ščepec soli
- Ena žlica masla
- Ena čajna žlička črnega popra

NAVODILA:
a) Vzemite ponev.
b) Dodajte olje in čebulo.
c) Čebulo kuhamo toliko časa, da postane mehka in zadiši.
d) Vanj dodajte kuhanega piščanca.
e) Dodajte začimbe.
f) V mešanico dodajte preostale sestavine.
g) Vzemite rezine kruha in jih na obeh straneh namažite z maslom.
h) Zvijemo in položimo v pekač.
i) Mešanico dodajte na rezine kruha.
j) Kruhove rezine pečemo dvajset minut.

29. Rouille Dip

SESTAVINE:
- 1/2 skodelice majoneze
- 2 stroka česna, nasekljana
- 1 čajna žlička dijonske gorčice
- 1 žlica paradižnikove paste
- 1 čajna žlička paprike
- Ščepec kajenskega popra
- Olivno olje

NAVODILA:
a) V skledi zmešajte majonezo, mleti česen, dijonsko gorčico, paradižnikovo pasto, papriko in kajenski poper.
b) Med stepanjem počasi pokapljajte oljčno olje, dokler zmes ne dobi kremaste konsistence.
c) Postrezite kot pomako s svežo zelenjavo, kruhom ali kot omako k morskim sadežem.

30. Pokovka Herbes de Provence

SESTAVINE:
- Zrna pokovke
- 2 žlici stopljenega masla
- 1 čajna žlička provansalskih zelišč (posušena mešanica slane, majarona, rožmarina, timijana in origana)
- Sol po okusu

NAVODILA:
a) Zdrobite jedrca pokovke v skladu z navodili na embalaži.
b) Po pokovki pokapljajte stopljeno maslo in premešajte, da se enakomerno prekrije.
c) Po pokovki potresemo provansalska zelišča in sol ter ponovno premešamo, da se okusi porazdelijo.

31. Crostini s kozjim sirom in medom

SESTAVINE:
- Rezine bagete
- Kozji sir
- srček
- Listi svežega timijana

NAVODILA:
a) Rezine bagete popečemo do zlato rjave barve.
b) Na vsako rezino namažite kozji sir.
c) Kozji sir pokapajte z medom in okrasite s svežimi lističi timijana.
d) Postrezite kot čudovito predjed, ki jo je enostavno narediti.

SOLATE

32. Klasična solata Niçoise s tuno na žaru

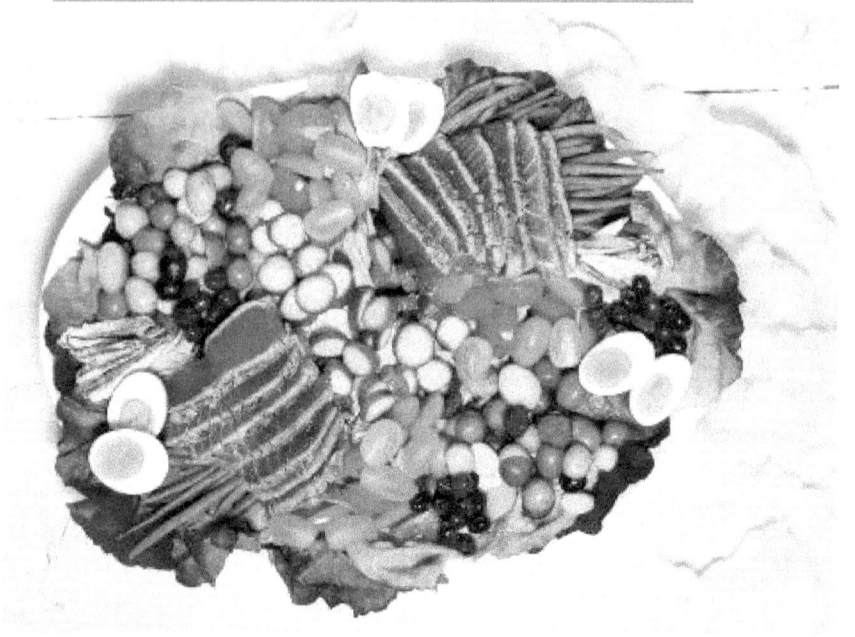

SESTAVINE:
- Sveži tunini zrezki
- Mešana zelena solata (kot je rimska solata)
- Češnjev paradižnik, prepolovljen
- Niçoise olive
- Trdo kuhana jajca, narezana
- Stročji fižol, blanširan
- Rdeč krompir, kuhan in narezan
- inčuni (neobvezno)
- Oljčno olje in rdeči vinski kis za preliv
- Sveža bazilika ali peteršilj za okras

NAVODILA:
a) Tunine zrezke spečemo po želji.
b) Zeleno solato razporedite po krožniku in na vrh položite češnjeve paradižnike, olive Niçoise, narezana trdo kuhana jajca, stročji fižol in kuhan krompir.
c) Na vrh položimo pečeno tuno.
d) Po želji okrasimo s sardoni, pokapamo z oljčnim oljem in rdečim vinskim kisom ter po vrhu potresemo svežo baziliko ali peteršilj.

33. Solata Niçoise s tuno

SESTAVINE:
- 1½ skodelice mladega ali prstastega krompirja ali 1 velik rdečerjav ali rdeč krompir, narezan na rezine
- 1 žlica oljčnega olja
- 1 strok česna, strt, ali 1 čajna žlička mletega česna v kozarcu
- Ščepec soli
- Črni poper po okusu
- 4 skodelice spomladanske mešane solate
- 1 skodelica kuhanega zelenega fižola
- 2 mehko kuhani jajci, oluščeni, narezani
- 1 5-unčna pločevinka tuna, pakirana v olje, odcejena
- Preliv za solato Honey Dijon

NAVODILA:
a) Pečico segrejte na 425 stopinj.
b) Krompir položite na pekač, obložen s pergamentnim papirjem. Krompir pokapljamo z oljem. Dodajte česen, nato premešajte, da se zmeša s česnom in premažite krompir z oljem.
c) Pečemo 25 minut ali dokler se vilice ne zmehčajo. Odstavite, da se ohladi, nato pa narežite na ¼-palčne rezine.
d) Spomladansko zmes enakomerno razdelite na dva krožnika. Na vsak krožnik položite eno narezano jajce. Stročji fižol razporedite poleg jajca. Nato dodajte tuno.
e) Krompir položite na solatni krožnik.
f) Solatni preliv Go-to Honey Dijon enakomerno pokapajte na vsako solato in postrezite.

34. Niçoise solata Mason jar

SESTAVINE:
- 2 srednji jajci
- 2 ½ skodelice prepolovljenega zelenega fižola
- 3 (7 unč) pločevinke belega tuna, pakirane v vodi, odcejene in oprane
- ¼ skodelice ekstra deviškega oljčnega olja
- 2 žlici rdečega vinskega kisa
- 2 žlici na kocke narezane rdeče čebule
- 2 žlici sesekljanih listov svežega peteršilja
- 1 žlica sesekljanih svežih listov pehtrana
- 1 ½ čajne žličke dijonske gorčice
- Košer sol in sveže mlet črni poper po okusu
- 1 skodelica razpolovljenih češnjevih paradižnikov
- 4 skodelice natrgane maslene solate
- 3 skodelice listov rukole
- 12 oliv Kalamata
- 1 limona, narezana na kolesca (neobvezno)

NAVODILA:

a) Jajca položite v veliko ponev in jih za 1 cm pokrijte s hladno vodo. Zavremo in kuhamo 1 minuto. Lonec pokrijemo s tesno prilegajočim pokrovom in odstranimo z ognja; pustite stati 8 do 10 minut.

b) Medtem v velikem loncu z vrelo slano vodo blanširajte stročji fižol do svetlo zelene barve, približno 2 minuti. Odcedite in ohladite v skledi z ledeno vodo. Dobro odcedite. Jajca odcedimo in pustimo, da se ohladijo, preden jih olupimo in po dolžini prerežemo na pol.

c) V veliki skledi zmešajte tunino, oljčno olje, kis, čebulo, peteršilj, pehtran in dijon, dokler se ne združijo; začinite s soljo in poprom po okusu.

d) Mešanico tune razdelite v 4 (32 unč) steklene kozarce s širokim grlom in pokrovi. Na vrh položite stročji fižol, jajca, paradižnik, masleno solato, rukolo in olive. V hladilniku do 3 dni.

e) Za serviranje pretresite vsebino kozarca. Postrezite takoj, po želji z rezinami limone.

35. Niçoise solata z belo ribo

SESTAVINE:
- 2 fileja bele ribe, kuhana in v kosmičih
- 4 skodelice mešane zelene solate
- 4 trdo kuhana jajca, razpolovljena
- 1 skodelica češnjevih paradižnikov, prepolovljena
- 1/2 skodelice narezanih kumar
- 1/4 skodelice narezanih črnih oliv
- 2 žlici kaper
- Sok 1 limone
- 3 žlice oljčnega olja
- Sol in poper po okusu

NAVODILA:
a) V veliki skledi za solato zmešajte belo ribo v kosmičih, mešano zeleno solato, razpolovljena trdo kuhana jajca, češnjeve paradižnike, narezane kumare, narezane črne olive in kapre.
b) V majhni skledi zmešajte limonin sok, olivno olje, sol in poper, da naredite preliv.
c) Preliv prelijemo po solati in nežno premešamo, da se poveže.
d) Belo ribjo solato Niçoise postrežemo ohlajeno.

36. Niçoise solata

SESTAVINE:
- 3 skodelice predhodno kuhanega stročjega fižola v skledi
- 3 na četrtine narezane paradižnike v skledo
- ¾ do 1 skodelice vinaigrette
- 1 glava bostonske solate, ločena, oprana in posušena
- Velika solatna skleda ali plitev krožnik
- 3 skodelice hladne francoske krompirjeve solate (prejšnji recept)
- ½ skodelice izkoščičenih črnih oliv, po možnosti suhih sredozemskih
- 3 trdo kuhana jajca, hladna, olupljena in na četrtine narezana
- 12 konzerviranih filetov inčunov, odcejenih, ploščatih ali zvitih s kaprami
- Približno 1 skodelica (8 unč) tune v pločevinkah, odcejene

NAVODILA:

a) Liste zelene solate stresite v skledo za solato z ¼ skodelice vinaigrette in položite liste okoli sklede.

b) Na dno posode razporedite krompir, okrasite s fižolom in paradižniki, ki jih prepletate z motivom tune, oliv, jajc in inčunov.

c) Solato prelijemo s preostalim prelivom, potresemo z zelišči in postrežemo.

37.Niçoise sklede z lečo in dimljenim lososom

SESTAVINE:
- ¾ skodelice (144 g) francoske leče
- Košer sol in sveže mlet črni poper
- 8 prstastih krompirjev, po dolžini prepolovljenih
- 2 žlici (30 ml) avokada ali ekstra deviškega oljčnega olja, razdeljeno
- 1 šalotka, narezana na kocke
- 6 unč (168 g) stročjega fižola, narezanega
- 2 pakirani skodelici (40 g) rukole
- 1 skodelica (150 g) grozdnih paradižnikov, prepolovljenih
- 8 redkvic, narezanih na četrtine
- 1 čebulica koromača, obrezana in na tanke rezine narezana
- 4 trdo kuhana jajca, razpolovljena
- 4 unče (115 g) na tanke rezine narezanega dimljenega lososa
- 1 recept Vinaigrette iz belega vina in limone

NAVODILA:
a) Pečico segrejte na 425 °F (220 °C ali plinska oznaka 7).
b) Dodajte lečo in velikodušen ščepec soli v srednje veliko ponev in pokrijte z vodo za vsaj 2 palca (5 cm). Zavremo, nato zmanjšamo ogenj in pustimo vreti, dokler se ne zmehča, približno 25 minut. Odvečno vodo odcedimo.
c) Krompir premešajte z 1 žlico (15 ml) olja, soljo in poprom. Razporedite v eni plasti na obrobljen pekač. Pražite, dokler se ne zmehča in rahlo porjavi, približno 20 minut. Dati na stran.
d) Medtem v ponvi na srednjem ognju segrejte preostalo 1 žlico (15 ml) olja. Šalotko dušite do mehkega, približno 3 minute. Dodamo stročji fižol ter začinimo s soljo in poprom.
e) Kuhajte, občasno premešajte, dokler se ne zmehča, približno 5 minut.
f) Za serviranje razdelite lečo in rukolo v sklede. Na vrhu s hrustljavim krompirjem, stročjim fižolom, paradižnikom, redkvico, koromačem, jajcem in dimljenim lososom.
g) Pokapljajte z belim vinom in limoninim vinom.

38. Pečena solata iz modroplavutega tuna Niçoise

SESTAVINE:
SOLATA
- 225 g majhnega rdečega krompirja
- 4 velika jajca
- Velika pest mešane zelene solate
- 400 g Dinko južni modroplavuti tun
- 200 g češnjevih paradižnikov
- ½ skodelice niçoise oliv
- Sol in poper

OBLAČENJE
- 1/3 skodelice olivnega olja
- 1/3 skodelice rdečega vinskega kisa
- 1 žlica dijonske gorčice

NAVODILA:
a) V steklen kozarec dajte oljčno olje, rdeči vinski kis in dijonsko gorčico ter pretresite.
b) Jajca dajte v veliko ponev in jih pokrijte z vodo. Ko voda zavre, ugasnite gorilnik in pustite stati 10-15 minut. Precedite vodo iz lonca, nato napolnite s hladno vodo in pustite stati.
c) Krompir olupimo in narežemo na četrtine, damo v ponev in zalijemo z vodo. Zavremo, nato zmanjšamo ogenj in pustimo vreti 12 minut.
d) Veliko litoželezno ponev segrejte na srednje močnem ognju, nato pa ponev rahlo premažite s pršilom za kuhanje.
e) Zrezke južnega modroplavutega tuna Dinko potresemo s soljo in poprom, nato pa v ponev položimo tuno. Tuno prepražimo 2 minuti na vsaki strani. Postavite na eno stran in pustite, da se ohladi.
f) Odstranite jajca iz vode; olupimo in po dolžini razpolovimo.
g) Tunine zrezke počez narežite na tanke rezine.
h) V veliki skledi zmešajte paradižnik, olive, mešano solato in krompir. Nežno premešajte.
i) Mešanico solate razdelite na štiri krožnike; vrh z rezinami tune in jajci.
j) Prelijemo s prelivom in postrežemo.

39. Dekonstruirana solata Nicoise

SESTAVINE:
- Tunini zrezki - en na osebo, pečeni na žaru z oljčnim oljem, soljo in poprom
- 2 mlada krompirja na osebo
- 5-8 zrn fižola na osebo
- 10 oliv na osebo
- 1 mehko kuhano jajce na osebo
- Majoneza iz inčunov

NAVODILA:
a) Krompir skuhamo in narežemo na kolesca.
b) Olupite mehko kuhana jajca.
c) Fižol blanširajte.
d) Pecite zrezke tune na žaru.
e) Zgradite in zaključite z zrezki tune na vrhu.
f) Prelijemo z inčunovo majonezo.

40. Solata Nicoise s tuno na žaru

SESTAVINE:
- 2 žlici šampanjskega kisa
- 1 žlica sesekljanega pehtrana
- 1 čajna žlička dijonske gorčice
- 1 majhna šalotka, drobno sesekljana
- 1/2 čajne žličke fine morske soli
- 1/4 čajne žličke mletega črnega popra
- 1/4 skodelice olivnega olja
- 1 (1 funt) svež ali zamrznjen in odmrznjen zrezek tune
- Sprej za kuhanje z oljčnim oljem
- 1 1/2 funta majhnega mladega krompirja, skuhanega do mehkega in ohlajenega
- 1/2 funta zelenega fižola, narezanega, skuhanega do mehkega in ohlajenega
- 1 skodelica razpolovljenih češnjevih paradižnikov
- 1/2 skodelice izkoščičenih oliv Nicoise
- 1/2 skodelice na tanke rezine narezane rdeče čebule
- 1 trdo kuhano jajce, olupljeno in narezano na kolesca (neobvezno)

NAVODILA:
a) Zmešajte kis, pehtran, dijon, šalotko, sol in poper. Počasi vmešajte olivno olje, da naredite vinaigrette.
b) Tunine zrezke pokapajte z 2 žlicama vinaigrette, pokrijte in ohladite 30 minut.
c) Žar poškropite s pršilom za kuhanje in segrejte na srednjo temperaturo. Pecite tuno na žaru, dokler ni pečena do želene pečenosti (5 do 7 minut na vsaki strani).
d) Tuno narežite na velike kose. Na velik krožnik razporedite tuno, krompir, stročji fižol, paradižnik, olive, čebulo in jajca. Postrezite s preostalim vinaigrette ob strani.

41. Mostaccioli solata Nicoise

SESTAVINE:
- 1 funt nekuhanih testenin Mostaccioli ali penne
- 2 funta svežega stročjega fižola, kuhanega na pari do mehko hrustljavega
- 2 srednji zeleni papriki, narezani na koščke
- 1 pol litra češnjevih paradižnikov, narezanih na četrtine
- 2 skodelici narezane zelene
- 1 skodelica narezane zelene čebule
- 10-20 izkoščičenih zrelih oliv (Kalamata), narezanih (ali po okusu)
- 2 (7 unč) pločevinki belega tuna (Albacore), polnjenega z vodo, odcejenega in na kosmiče

DRESING:
- 1/2 skodelice olivnega ali rastlinskega olja
- 1/4 skodelice rdečega vinskega kisa
- 3 stroki česna, sesekljani
- 4 žličke dijonske gorčice
- 1 čajna žlička katere koli zeliščne začimbe brez soli
- 1 čajna žlička listov bazilike (svežih ali suhih)
- 1/4 čajne žličke popra

NAVODILA:
a) Pripravite testenine po navodilih na embalaži.
b) Medtem ko se testenine kuhajo, sesekljajte zelenjavo in olive ter jih v veliki skledi premešajte s tuno.
c) Zmešajte olje, kis, česen, gorčico, zelišča, baziliko in poper.
d) Ko so testenine pripravljene, jih odcedite in dodajte v veliko skledo z zelenjavo.
e) Testenine prelijemo s prelivom in premešamo, da se dobro povežejo.
f) Pokrijte in ohladite, dokler se okusi ne stopijo (približno 1-2 uri, dlje za boljši okus).
g) Občasno premešajte, medtem ko se ohladi, nato postrezite in uživajte!

42. Klasična solata Nicoise s tuno

SESTAVINE:
- 115 g zelenega fižola (narezanega in prepolovljenega)
- 115 g mešanih listov solate
- 1/2 majhne kumare (tanko narezane)
- 4 zreli paradižniki (na četrtine)
- 50 g konzerviranih inčunov (odcejenih) - po želji
- 4 jajca (trdo kuhana in na četrtine narezana ALI poširana)
- 1 majhna konzerva tune v slanici
- Sol in mleti črni poper
- 50 g majhnih črnih oliv - po želji

DRESING:
- 4 žlice ekstra deviškega oljčnega olja
- 2 stroka česna (zdrobljena)
- 1 žlica belega vinskega kisa

NAVODILA:

a) Za preliv zmešajte zadnje 3 sestavine in po okusu začinite s soljo in črnim poprom, nato pa odstavite.

b) Stročji fižol kuhajte približno 2 minuti (blanširanje) ali dokler se rahlo ne zmehča, nato ga odcedite.

c) V veliki skledi zmešajte solatne liste, kumare, paradižnike, stročji fižol, inčune, olive in preliv.

d) Prelijemo z na četrtine narezanim jajcem in tuno v kosmičih (da ne izgubi oblike).

e) Postrezite takoj in uživajte!

43.Solata Nicoise z dimljenim lososom Niçoise

SESTAVINE:
- Ena skodelica korenčka
- Pol skodelice svežega timijana
- Ena skodelica dimljenega lososa
- Pol čajne žličke prekajene paprike
- Dve žlici mletega česna
- Pol skodelice sesekljane zelene
- Dve žlici oljčnega olja
- Dve žlici medu
- Kozji sir, ena skodelica
- Dijonska gorčica, pol skodelice

NAVODILA:
a) Vzemite veliko skledo.
b) Dodajte vse sestavine v skledo.
c) Vse sestavine dobro premešamo, da nastane homogena zmes.
d) Solato premešajte, da se prepričate, da je vse dobro premešano.

44. Solata s tuno in inčuni Nicoise

SESTAVINE:
- 8 majhnih rdečih krompirjev (kuhanih)
- 2 lbs zelenega fižola (blanširanega)
- 10 ovalnih češnjevih paradižnikov
- 1 majhna vijolična čebula (tanko narezana)
- 1/2 skodelice oliv (razkoščičenih)
- 6 trdo kuhanih jajc (na četrtine)
- 2 pločevinki 12 oz bele tune (pakirane v olju)
- 2 oz fileti inčunov (neobvezno)
- Preliv: 1 žlica dijonske gorčice, 4 žlice rdečega vinskega kisa, 1/2 skodelice olivnega olja, 1 čajna žlička sladkorja, 1/2 čajne žličke soli, 1/2 čajne žličke popra, 1/4 skodelice drobno sesekljanega ploščatega peteršilja

NAVODILA:

a) Krompir skuhamo, ohladimo ga narežemo na četrtine. Jajca skuhajte in na četrtine. Fižol blanširamo in ohladimo.

b) Stepajte gorčico in kis do gladkega. V počasnem curku dodajte olivno olje in mešajte, dokler se ne zgosti. Dodamo sladkor, sol, poper in sesekljan peteršilj.

c) Solato premešamo, prelijemo z večino preliva, po posodi razporedimo jajca, na sredino tuno, s preostalim prelivom pa pokapamo tuno in jajca.

45. Polnjena solata Nicoise

SESTAVINE:
- 1 glava zelene solate, natrgana na majhne koščke
- 1 glava bostonske ali bibb solate
- 2 ali 3 pločevinke tune, odcejene
- 1 pločevinka srčkov artičok, odcejenih
- 1 skodelica grozdnih paradižnikov
- 6-8 očiščenih zelenih čebul
- 6-8 majhnih mladih rdečih krompirjev, kuhanih na pari, olupljenih
- 1 pločevinka filejev inčunov, namočenih v mleku, osušenih
- 3/4 lb svežega stročjega fižola, blanširanega
- 4 trdo kuhana jajca, narezana na četrtine
- 2 šalotki, mleti
- 1 strok česna, zdrobljen
- 1,5 žličke soli
- Sveže mlet črni poper
- 2 žlici dijonske gorčice
- 1/3 skodelice rdečega vinskega kisa
- 2/3 skodelice blagega ekstra deviškega oljčnega olja
- 3 žlice kaper, odcejene (rezervirane kot okras)

NAVODILA:
a) Pripravite solato po navodilih, zagotovite hrustljav fižol in mehak krompir.
b) Solatni preliv naredite tako, da šalotko, česen, gorčico, sol in poper stepete s kisom.
c) Med stepanjem počasi dodajamo olje.
d) Kuhan ogret krompir prelijemo z 2 žlicama pripravljenega preliva.
e) Stročji fižol prelijemo s pičlo žlico preliva.
f) Sestavite solato, razporedite solato, tunino, jajca in drugo. Prelijemo s prelivom.
g) Okrasimo s kaprami. Postrezite s preostalim prelivom ob strani.

46. Niçoise sklede z lečo in dimljenim lososom

SESTAVINE:
- ¾ skodelice (144 g) francoske leče
- Košer sol in sveže mlet črni poper
- 8 prstastih krompirjev, po dolžini prepolovljenih
- 2 žlici (30 ml) avokada ali ekstra deviškega oljčnega olja, razdeljeno
- 1 šalotka, narezana na kocke
- 6 unč (168 g) stročjega fižola, narezanega
- 2 pakirani skodelici (40 g) rukole
- 1 skodelica (150 g) grozdnih paradižnikov, prepolovljenih
- 8 redkvic, narezanih na četrtine
- 1 čebulica koromača, obrezana in na tanke rezine narezana
- 4 trdo kuhana jajca, razpolovljena
- 4 unče (115 g) na tanke rezine narezanega dimljenega lososa
- 1 recept Vinaigrette iz belega vina in limone

NAVODILA

a) Pečico segrejte na 425 °F (220 °C ali plinska oznaka 7).

b) Dodajte lečo in velikodušen ščepec soli v srednje veliko ponev in pokrijte z vodo za vsaj 2 palca (5 cm). Zavremo, nato zmanjšamo ogenj in pustimo vreti, dokler se ne zmehča, približno 25 minut. Odvečno vodo odcedimo.

c) Krompir premešajte z 1 žlico (15 ml) olja, soljo in poprom. Razporedite v eni plasti na obrobljen pekač. Pražite, dokler se ne zmehča in rahlo porjavi, približno 20 minut. Dati na stran.

d) Medtem v ponvi na srednjem ognju segrejte preostalo 1 žlico (15 ml) olja. Šalotko dušite do mehkega, približno 3 minute. Dodamo stročji fižol ter začinimo s soljo in poprom. Kuhajte, občasno premešajte, dokler se ne zmehča, približno 5 minut.

e) Za serviranje razdelite lečo in rukolo v sklede. Povrh s hrustljavim krompirjem, stročjim fižolom, paradižnikom, redkvico, koromačem, jajcem in dimljenim lososom. Pokapljajte z belim vinom in limoninim vinom.

GLAVNA JED

47.Socca niçoise obloge

SESTAVINE:
- 3 jajca
- 150 g finega stročjega fižola, narezanega na rezine in narezanega na 3 cm velike kose
- 160 g zrelih češnjevih paradižnikov, narezanih na četrtine
- 1 romanski poper, narezan na kocke
- 1/3 kumare, narezane na kocke
- 4 fileje inčunov, narezane na kocke
- pest izkoščičenih črnih Niçoise oliv
- nekaj listov bazilike, grobo natrganih
- rastlinsko olje, za cvrtje
- 1 x 225 g kozarec najbolj kakovostne tune, odcejene in narezane na kosmiče
- pest jagnječje solate
- sol in sveže mlet črni poper

ZA SOCCA
- 250 g čičerikine moke
- 3 žlice oljčnega olja
- vejico rožmarina, nabrane in sesekljane iglice
- za preliv
- 3 žlice oljčnega olja
- 2 žlici rdečega vinskega kisa
- 1 strok česna, olupljen
- ščepec sladkorja
- ½ čajne žličke dijonske gorčice

NAVODILA:

a) Začnite s pripravo socca testa. V skledi zmešajte čičerikino moko s 500 ml hladne vode, olivnim oljem in rožmarinom ter dobro začinite s soljo in poprom. Pokrijte in postavite v hladilnik za nekaj ur, da se masa uleže.

b) Za preliv dajte vse sestavine v zaprt kozarec za marmelado, po okusu začinite s soljo in poprom ter dobro pretresite. Ali pa za super gladek in popolno emulgiran preliv dajte vse sestavine v vrč in stepite s paličnim mešalnikom, dokler ne postanejo kremaste. Dati na stran.

c) Jajca damo v ponev s hladno vodo, zavremo in kuhamo 5–6 minut. Pustite pod mrzlo vodo, dokler se dovolj ne ohladijo, nato jih olupite in narežite na četrtine. Dati na stran.

d) Stročji fižol potopite v vrelo vodo in kuhajte približno 4 minute, dokler se ne zmehča. Dobro odcedite in osvežite pod hladno tekočo vodo, da se hitro ohladi in ustavite kuhanje. Prelijte v veliko skledo in dodajte paradižnik, papriko, kumare, inčune, olive in baziliko. Prelijemo s prelivom in dobro premešamo, da se premeša. Če pa pripravljate solato vnaprej, solate ne začinite, dokler niste pripravljeni za uživanje.

e) Odstranite socca testo iz hladilnika in ga končno premešajte. Na tej točki ga lahko po želji razdelite na 6 kozarcev, da bodo palačinke enakomerne velikosti. Lahko pa storite kot jaz in utemeljeno ugibate! Zajemalka na palačinko je približno prava. Vzemite veliko (28–30 cm) ponev s premazom proti prijemanju in jo postavite na zmeren ogenj. Ko se segreje, dodamo malo olja in s zmečkanim kuhinjskim papirjem namažemo celotno površino ponve. Naredite prvo palačinko tako, da vlijete testo in ga vrtite naokoli, da se raztegne v okroglo palačinko. Pustite, da se kuha nekaj minut, nato obrnite z rezino ribe in pecite na drugi strani še nekaj minut. Odstranite na krožnik in hranite na toplem v nizki pečici (približno 110 °C/90 °C Ventilator/Plinska oznaka ¼), medtem ko ponovite s preostalim delom testa, da dobite 6 palačink.

f) Za serviranje položite palačinke na krožnik na sredino mize, skupaj s solato, tuno, jajčnimi četrtinami in zeleno solato ter pustite, da vaši gostje sami napolnijo in zavijejo svoje. Lahko pa jih sestavite sami in tesno zavijete v folijo, pripravljene za uživanje.

48. Niçoise pečen losos

SESTAVINE:
- Lososovi fileji
- Mešana zelena solata
- Češnjev paradižnik, prepolovljen
- Niçoise olive
- Trdo kuhana jajca, narezana
- Stročji fižol, blanširan
- Mladi krompir, skuhan in razpolovljen
- Kapre
- Limonine rezine
- Oljčno olje in dijonska gorčica za preliv

NAVODILA:
a) Filete lososa začinite in pražite v ponvi, dokler niso kuhani.
b) Zeleno solato razporedite po krožniku in na vrh položite češnjeve paradižnike, olive Niçoise, narezana trdo kuhana jajca, stročji fižol in mlade krompirčke.
c) Na vrh položite na ponvi popečenega lososa.
d) Potresemo kapre, stisnemo rezine limone in pokapamo s prelivom iz oljčnega olja in dijonske gorčice.

49. Piščančja nabodala Niçoise

SESTAVINE:
- Piščančje prsi, narezane na koščke
- češnjev paradižnik
- Niçoise olive
- Rdeča čebula, narezana na koščke
- Paprika, narezana na kocke
- Bučke, narezane na rezine
- Oljčno olje, česen in zelišča za marinado
- Nabodala za žar

NAVODILA:
a) Piščančje kose mariniramo v oljčnem olju, mletem česnu in zeliščih.
b) Na nabodala nanizajte mariniranega piščanca, češnjeve paradižnike, olive Niçoise, rdečo čebulo, papriko in bučke.
c) Nabodala pecite na žaru, dokler ni piščanec pečen in zelenjava mehka.
d) Postrezite s prilogo iz kuskusa ali preprosto solato.

50. Vegetarijanec Niçoise Ratatouille

SESTAVINE:
- Jajčevec, narezan na kocke
- Bučke, narezane na rezine
- Paprika, narezana na kocke
- Češnjev paradižnik, prepolovljen
- Rdeča čebula, narezana
- Česen, mleto
- Olivno olje
- Provansalska zelišča
- Črne olive
- Kapre
- Sveža bazilika za okras

NAVODILA:
a) Na olivnem olju prepražimo na kocke narezane jajčevce, narezane bučke, na kocke narezano papriko, češnjev paradižnik in narezano rdečo čebulo, dokler se zelenjava ne zmehča.
b) Za okus dodajte sesekljan česen in provansalska zelišča.
c) Primešamo črne olive in kapre.
d) Pred serviranjem okrasite s svežo baziliko.

51. Ratatouille Provençale

SESTAVINE:
- 1 jajčevec, narezan na kocke
- 2 bučki, narezani na rezine
- 1 paprika, narezana na kocke
- 2 paradižnika, narezana na kocke
- 1 čebula, drobno sesekljana
- 3 stroki česna, sesekljani
- Svež timijan in rožmarin
- Olivno olje
- Sol in poper po okusu

NAVODILA:
a) Na olivnem olju prepražimo čebulo in česen, dokler se ne zmehčata.
b) Dodajte jajčevce, bučke, papriko in paradižnik. Kuhajte, dokler se zelenjava ne zmehča.
c) Vmešajte svež timijan in rožmarin. Začinimo s soljo in poprom.
d) Dušimo 20-30 minut. Postrezite kot prilogo ali s hrustljavim kruhom.

52. Solata s tuno in belim fižolom

SESTAVINE:
- Beli fižol iz pločevinke, odcejen in opran
- Tuna v pločevinkah, odcejena
- Rdeča čebula, tanko narezana
- Češnjev paradižnik, prepolovljen
- Svež peteršilj, sesekljan
- Limonina vinaigrette (limonin sok, olivno olje, dijonska gorčica)
- Sol in poper po okusu

NAVODILA:
a) V skledi zmešajte beli fižol, tunino, rdečo čebulo, češnjeve paradižnike in peteršilj.
b) V ločeni skledi zmešajte limonin sok, olivno olje in dijonsko gorčico za vinaigrette.
c) Solato prelijemo z vinaigreto in jo premešamo.
d) Začinimo s soljo in poprom. Postrežemo ohlajeno.

53. Niçoise Classic Salade Lyonnaise

SESTAVINE:
- En funt kuhanih koščkov pancete
- Štiri skodelice mešanega zelenja
- Dve žlici oljčnega olja
- Dva stroka česna
- Ena skodelica rdeče čebule
- Štiri kuhana jajca
- Ena žlica dijonske gorčice
- Dve žlici kisa
- Ščepec soli
- Ščepec črnega popra

NAVODILA:
a) Vzemite skledo.
b) Dodajte mokre sestavine v skledo.
c) Dobro premešaj.
d) Dodajte preostale sestavine v skledo.
e) Dobro premešamo, da dobimo homogeno zmes.

54. Gratiniran pastinak Niçoise s timijanom in grujerom

SESTAVINE:
- Dve žlici sladkorja v prahu
- Pol skodelice rezin pastinaka
- Pol žlice mletih nageljnovih žbic
- Pol žlice cimeta
- Pol žlice muškatnega oreščka
- Pol skodelice nesoljenega masla
- Pol čajne žličke posušenega timijana
- Dve jajci
- Pol skodelice vinskega kamna
- Dve skodelici večnamenske moke
- Ena skodelica naribanega sira gruyere

NAVODILA:
a) Vzemite veliko ponev.
b) Segrevajte ga na srednje močnem ognju.
c) Dodajte sladkor vanjo.
d) Segrevajte, dokler ne postane zlato karamelne barve.
e) Dodajte rezine pastinaka, cimet, nageljnove žbice in muškatni orešček.
f) Ogenj povečamo in kuhamo pet minut.
g) Odstavimo z ognja in pustimo, da se ohladi.
h) Vzemite veliko skledo in vanjo dodajte sir.
i) Vanj dodamo vinsko kremo in moko.
j) V skledo dodamo kuhan pastinak in ostale sestavine.
k) Sestavine dodamo v pekač.
l) Sestavine pečemo deset do petnajst minut.

55. Niçoise Filet Mignon z omako Béarnaise

SESTAVINE:
- Dva rumenjaka
- Dve žlici oljčnega olja
- Pol skodelice dijonske gorčice
- Ena skodelica Worcestershire omake
- Dve čajni žlički sesekljanih kaper
- En funt zrezkov
- Ena skodelica sardonove paste
- Ena žlica črnega popra
- Dve žlici žganja
- Dve žlici Pernoda
- Pol čajne žličke soli
- Sesekljan svež drobnjak
- Pol skodelice béarnaise omake

NAVODILA:
a) Vzemite veliko skledo.
b) Posušene sestavine dodajte v skledo.
c) Dobro premešaj.
d) V skledo dodajte sardonov pire.
e) Dodajte žganje, pernod in začimbe.
f) Dodamo zrezek in ostale sestavine.
g) Sestavine dobro premešamo.
h) Na koščke zrezka dodajte sol in črni poper.
i) Kose zrezka spečemo na žaru.
j) Kose izrežemo, ko je zrezek na obeh straneh pečen.
k) Na vrh prelijemo omako béarnaise.

56. Niçoise Beef Bourguignon pita

SESTAVINE:

- Ena skodelica sesekljane slanine
- Dve žlici oljčnega olja
- Ena skodelica sesekljane bele čebule
- Ena žlica sesekljanega česna
- Tri žlice večnamenske moke
- Dve skodelici mletega govejega mesa
- Tri skodelice govejih kosov
- Ena goveja bujonska kocka
- Tri skodelice rdečega vina
- Ena čajna žlička mletega česna
- En funt rjavih gob
- Tri žlice zmehčanega masla
- Ena skodelica mešanega sira
- Ena vejica sveže sesekljanega rožmarina
- Ena vejica svežega sesekljanega timijana
- Ena vejica sesekljanega svežega peteršilja
- Dve skodelici goveje juhe
- En paket testa za pito

NAVODILA:

a) Vzemite veliko ponev.
b) V ponev dodajte maslo in čebulo.
c) V ponev dodajte začimbe, zelišča in paradižnik.
d) Mešanico dobro prekuhamo.
e) V ponev dodamo mleto meso in koščke govedine.
f) Prilijemo govejo osnovo in ponev pokrijemo, da se meso dobro speče.
g) Preostale sestavine dodajte, ko se goveja mešanica posuši.
h) Mešanico dobro prekuhamo.
i) Testo za pito položimo v pomaščen pekač.
j) Vlijemo mešanico bourguignon in jo pokrijemo z dodatnim testom.
k) Jed pečemo deset minut.
l) Na vrh dodamo sesekljan peteršilj.

57. Niçoise Bouillabaisse

SESTAVINE:
- Dva traka pomarančne lupine
- Trije lovorovi listi
- Ena skodelica sesekljane čebule
- Ena žlica črnega popra
- Ena skodelica sesekljanega pora
- Dve žlici oljčnega olja
- Osem posušenih čilijev
- Dve čajni žlički sesekljanega česna
- Ena skodelica školjk
- Ena skodelica mešane sredozemske ribe
- Ena skodelica paradižnikove paste
- Ščepec žafrana
- Ena čajna žlička črnega popra
- Dve skodelici zrelih paradižnikov
- Dve skodelici ribje juhe
- Dve žlici pernoda
- Ena zvezda janeža
- Ščepec soli
- Ena žlica sesekljanega svežega drobnjaka

NAVODILA:
a) Vzemite veliko ponev.
b) V ponev dodajte olje in čebulo.
c) Čebulo pražimo toliko časa, da postane mehka in prosojna.
d) V ponev dodajte česen.
e) Mešanico dobro prekuhamo.
f) Dodamo paradižnikovo pasto, narezane zrele paradižnike in začimbe.
g) Mešanico kuhajte pet minut.
h) V ponev dodamo školjke in sredozemske ribe.
i) Sestavine dobro prekuhajte.
j) Dodajte preostale sestavine.
k) Dodamo ribjo osnovo in ostale sestavine.
l) Ponev pokrijemo in kuhamo deset minut.
m) Jed okrasimo s sesekljanim svežim drobnjakom.

58. Niçoise pečen piščanec in krompir

SESTAVINE:
- Dve skodelici krompirjevih rezin
- Ena žlica košer soli
- Ena žlica črnega popra
- Dve skodelici rdečega vina
- En lovorjev list
- Ena čajna žlička sladkorja
- Ena čajna žlička posušenega timijana
- Ena skodelica korenčka
- Ena čebula
- Dve skodelici kosov piščanca
- Ena čajna žlička česnove paste
- Pol skodelice paradižnikove paste
- Pol skodelice nesoljenega masla
- Dve žlici večnamenske moke
- Sesekljan peteršilj

NAVODILA:
a) Vzemite veliko skledo.
b) V skledo dodajte rezine krompirja in piščanca.
c) Sestavine začinimo s poprom in soljo.
d) Zmešajte rdeče vino, lovorjev list in timijan.
e) Krompir in piščanca pokrijte v marinadi trideset minut.
f) Vzamemo velik pekač.
g) V ponev dodajte nesoljeno maslo.
h) Vanj dodajte marinirane sestavine.
i) V mešanico dodajte preostale sestavine.
j) Jed pražimo trideset minut in nato odcedimo.

59. Kanapeji z dimljenim lososom Niçoise

SESTAVINE:
- Dve žlici oljčnega olja
- Pol skodelice sesekljanega svežega kopra
- Ena skodelica dimljenega lososa
- Rezine kruha
- Ena skodelica sesekljanega svežega drobnjaka
- Ena skodelica narezanih paradižnikov
- Ena čajna žlička mešanice začimb v prahu
- Ena skodelica čebule
- Pol čajne žličke prekajene paprike
- Ena skodelica crème fraiche
- Ščepec soli
- Ena žlica masla
- Ena čajna žlička črnega popra

NAVODILA:
a) Vzemite ponev.
b) Dodajte olje in čebulo.
c) Čebulo pražimo toliko časa, da postane mehka in zadiši.
d) Vanj dodajte dimljenega lososa.
e) Dodajte začimbe.
f) V mešanico dodajte preostale sestavine.
g) Vzemite rezine kruha in jih na obeh straneh namažite z maslom.
h) Zvijte jih in položite v pekač.
i) Mešanico dodajte na rezine kruha.
j) Kruhove rezine pečemo dvajset minut.

60. Niçoise Sole Meunière

SESTAVINE:
- Dve žlici moke
- Ena žlica črnega popra
- Dve žlici oljčnega olja
- Pol skodelice dijonske gorčice
- Ena skodelica Worcestershire omake
- Dve čajni žlički sesekljanih kaper
- En funt ribjih filejev
- Ena skodelica sardonove paste
- Dve žlici Pernoda
- Pol čajne žličke soli
- Sesekljan svež drobnjak

NAVODILA:
a) Vzemite veliko skledo.
b) V skledo dodajte posušene sestavine.
c) Dobro premešaj.
d) V skledo dodajte sardonov pire.
e) Dodajte pernod in začimbe.
f) Dodamo zrezek in ostale sestavine.
g) Sestavine dobro premešamo.
h) Kose rib spečemo na žaru.
i) Ko je riba pečena na obeh straneh, kos odložimo.

61.Jagnjetina Ratatouille

SESTAVINE:
- 1 lb jagnječjega mesa
- 1 jajčevec, narezan na kocke
- 2 bučki, narezani na rezine
- 1 paprika, narezana na kocke
- 2 paradižnika, narezana na kocke
- 1 čebula, drobno sesekljana
- 3 stroki česna, sesekljani
- Svež timijan in rožmarin
- Olivno olje
- Sol in poper po okusu

NAVODILA:
a) V večjem loncu na oljčnem olju prepražimo jagnječjo obaro. Odstranite in postavite na stran.
b) V istem loncu prepražimo čebulo in česen, dokler se ne zmehčata.
c) Dodajte jajčevce, bučke, papriko in paradižnik. Kuhajte, dokler se zelenjava ne zmehča.
d) Jagnjetino vrnemo v lonec, dodamo svež timijan in rožmarin. Dušimo, dokler jagnjetina ni kuhana.
e) Začinimo s soljo in poprom. Postrežemo čez kuskus ali riž.

62. Provansalski piščanec z zelišči

SESTAVINE:
- 4 piščančja stegna s kostjo in kožo
- 1 limona, narezana
- 2 žlici svežega timijana, sesekljanega
- 2 žlici sesekljanega svežega rožmarina
- 3 stroki česna, sesekljani
- 1/4 skodelice belega vina
- 1/4 skodelice piščančje juhe
- Olivno olje
- Sol in poper po okusu

NAVODILA:
a) Pečico segrejte na 375 °F (190 °C).
b) Piščančja bedra začinimo s soljo in poprom.
c) V ponvi na obeh straneh segrejte olivno olje in porjavite piščanca.
d) Piščanca prestavimo v pekač. Dodajte rezine limone, timijan, rožmarin in česen.
e) Piščanca zalijemo z belim vinom in piščančjo juho. Pecite v pečici, dokler piščanec ni pečen in zlato rjav.

63. Pissaladière

SESTAVINE:
- Testo za pico ali listnato testo
- 2 veliki čebuli, narezani na tanke rezine
- 1/4 skodelice olivnega olja
- 1 čajna žlička posušenega timijana
- Inčuni (v pločevinkah ali v kozarcih)
- Črne olive, brez koščic

NAVODILA:
a) Pečico segrejte na 400°F (200°C).
b) Na oljčnem olju prepražimo čebulo, dokler ne karamelizira, nato pa vanjo vmešamo posušen timijan.
c) Testo za pico ali listnato testo razvaljamo in preložimo na pekač.
d) Po testu enakomerno razporedimo karamelizirano čebulo, križasto razporedimo sardone, med sardone položimo olive.
e) Pečemo toliko časa, da se skorja zlato zapeče. Narežemo in postrežemo toplo ali pri sobni temperaturi.

64. Niçoise piščančja enolončnica e

SESTAVINE:
- Ena žlica dijonske gorčice
- Ena žlica sesekljanega svežega drobnjaka
- Pol čajne žličke prekajene paprike
- Ena skodelica kosov piščanca
- Ena skodelica sira Niçoise
- Dve žlici oljčnega olja
- Ena skodelica posušenega belega vina
- Pol skodelice mleka
- ena skodelica crème fraiche
- eno čajno žličko zeliščnega prahu
- Ena skodelica čebule
- Ena čajna žlička sesekljanega česna

NAVODILA:
a) Vzemite ponev.
b) Dodajte olje in čebulo.
c) Čebulo kuhamo toliko časa, da postane mehka in zadiši.
d) Dodajte začimbe.
e) Sestavine previdno premešamo in ponev pokrijemo.
f) V zmes vmešamo piščanca in suho belo vino.
g) Piščanca dobro skuhamo.
h) Izklopite štedilnik.
i) Ko se zmes ohladi, dodajte preostale sestavine.
j) Zmes za enolončnico vlijemo v pekač.
k) Po vrhu potresemo nariban sir Niçoise.
l) Enolončnico pečemo dvajset minut.
m) Po končani enolončnici odložite.
n) Po vrhu potresemo koriander.

65. Piščanec z gorčico Niçoise

SESTAVINE:
- Ena skodelica čebule
- Ena skodelica zelenjavne juhe
- Pol čajne žličke prekajene paprike
- Dve žlici dijonske gorčice
- Dve čajni žlički belega sladkorja
- Dve žlici oljčnega olja
- Dve skodelici paradižnikove paste
- Ena žlica posušenega rožmarina
- Ščepec soli
- Ščepec črnega popra
- Ena čajna žlička posušenega timijana
- En funt kosov piščanca
- Dve žlici mletega česna
- Pol skodelice suhega belega vina
- Pol skodelice limoninega soka
- Pol skodelice cilantra

NAVODILA:
a) Vzemite veliko ponev.
b) Vanj dodajte oljčno olje in rezine čebule.
c) Prepražimo rezine čebule.
d) V ponev dodamo česen, koščke piščanca, limonin sok in začimbe.
e) Kose piščanca v začimbah kuhamo pet do deset minut.
f) V mešanico dodajte preostale sestavine.
g) Mešanico kuhajte, dokler ne začne vreti.
h) Ogenj zmanjšajte in ponev pokrijte s pokrovko.
i) Po desetih minutah odstranite pokrov.

66. Goveja enolončnica Niçoise

SESTAVINE:
- Dve žlici oljčnega olja
- En funt govejih kosov (napol kuhanih)
- Dve žlici sesekljanega česna
- Dve skodelici sesekljane šalotke
- Ena skodelica sesekljane čebule
- Ena skodelica sesekljanega peteršilja
- Ena skodelica zelenjavne osnove
- Ena žlica Provansalskih zelišč
- Pol skodelice sesekljanega svežega timijana
- Pol skodelice sesekljanega svežega rožmarina
- Pol skodelice sesekljanega svežega drobnjaka
- Ena čajna žlička mešanice začimb v prahu
- Pol čajne žličke prekajene paprike
- En lovorjev list
- Pol čajne žličke soli
- Ena čajna žlička črnega popra

NAVODILA:
a) Vzemite veliko skledo.
b) V skledo dodamo vse sesekljane sestavine.
c) Vse sestavine dobro premešamo.
d) Vanj dodajte malo vode.
e) Mešanico zmešajte s paličnim mešalnikom.
f) Poskrbite, da bodo sestavine gladke.
g) Dodajte goveje meso v zmes.
h) Napol kuhano govedino mariniramo v mešanici petnajst minut.
i) Vzemite veliko ponev.
j) V ponev dodajte vse sestavine in olivno olje.
k) Enolončnico dobro premešamo.
l) Enolončnico kuhamo deset do petnajst minut.

67.Niçoise brancin Au Pistou

SESTAVINE:
- Pol skodelice deviškega oljčnega olja
- Dva stroka česna
- Dve stebli zelene
- Ena sladka čebula
- En krompir
- Pol čajne žličke soli
- Ena čajna žlička črnega popra
- Pol čajne žličke prekajene paprike
- Pol skodelice belega vina
- Dve skodelici ribje juhe
- Ena skodelica brancina
- Dve žlici klasičnega pistouja

NAVODILA:
a) Vzemite veliko ponev.
b) V ponvi segrejemo olje.
c) Vanj dodajte česen, stebla zelene in čebulo.
d) Med mešanjem kuhamo deset minut.
e) Po potrebi dodajte brancina, zelišča, sol in poper.
f) Vanj dodamo dimljeno papriko in kuhamo eno minuto.
g) Dodamo vino in dobro premešamo ter kuhamo še eno minuto.
h) Dodajte preostale sestavine v mešanico za kuhanje.
i) Jed kuhamo dvajset minut.
j) Na koncu jed okrasimo s pisto.
k) Vaša juha je pripravljena za postrežbo.

68. Niçoise Coq Au Vin

SESTAVINE:
- Ena skodelica kosov piščanca
- Ena žlica košer soli
- Ena žlica črnega popra
- Dve skodelici rdečega vina
- En lovorjev list
- Ena čajna žlička sladkorja
- Dve vejici timijana
- Pol skodelice narezane slanine
- Ena skodelica korenja
- Ena čebula
- Ena čajna žlička sesekljanega česna
- Pol skodelice paradižnikove paste
- Peteršilj

NAVODILA:
a) Vzemite veliko skledo.
b) Vanj dodajte koščke piščanca.
c) Piščanca začinimo s poprom in soljo.
d) Piščanca zmešajte z rdečim vinom, lovorovim listom in timijanom.
e) Pokrijte in marinirajte trideset minut.
f) Slanine kuhamo toliko časa, da postanejo hrustljave.
g) Vanj dodajte mariniranega piščanca.
h) Kuhajte, dokler piščanec ne postane zlato rjav.
i) Dodajte čebulo, korenje in vso zelenjavo.
j) Dodajte česen, paradižnikovo pasto in kuhajte eno minuto.
k) V mešanico dodajte preostale sestavine.
l) Sestavine kuhamo deset do petnajst minut.

69. Niçoise piščančja kaša

SESTAVINE:
- En funt fižola
- Ena čajna žlička košer soli
- Pol kilograma piščanca
- Dve žlici račje maščobe
- Ena čajna žlička črnega popra
- Peteršilj
- Ena čajna žlička česna v prahu
- Dve stebli zelene
- Ena skodelica čebule
- Ena skodelica česnove klobase
- Dva lovorjeva lista

NAVODILA:
a) Vzemite veliko skledo.
b) Po potrebi dodajte fižol in vodo.
c) V fižol dodajte sol in poper.
d) Segrejte račjo mast.
e) Dodamo sol in kuhamo, dokler ne postane rjavo.
f) Kose piščanca začinimo s poprom.
g) Dodajte klobase in jih dobro prekuhajte.
h) Dodajte čebulo v mešanico za kuhanje.
i) Dodamo česen, stebla zelene, peteršilj, lovorjev list in dodamo fižolovo zmes.
j) Fižol skupaj z vsemi sestavinami kuhamo petinštirideset minut.
k) Prepričajte se, da sta ves piščanec in fižol dobro premešana.
l) Na vrh dodamo sesekljan peteršilj.

70. Niçoise Potato Dauphinoise

SESTAVINE:
- Dve žlici sladkorja v prahu
- Pol skodelice rezin krompirja
- Pol žlice sesekljanega česna
- Pol čajne žličke cimeta
- Pol žlice muškatnega oreščka
- Pol skodelice nesoljenega masla
- Pol skodelice vinskega kamna
- Dve skodelici večnamenske moke
- Ena skodelica naribanega sira

NAVODILA:
a) Vzemite veliko ponev.
b) Dodajte vodo v ponev.
c) Segrevajte ga na srednje močnem ognju.
d) Dodajte sladkor vanjo.
e) Segrevajte, dokler ne postane zlata.
f) Dodamo rezine krompirja, cimet, česen in muškatni orešček.
g) Ogenj povečamo in kuhamo pet minut.
h) Odstavimo z ognja in pustimo, da se ohladi.
i) Vzemite veliko skledo.
j) Vanj dodajte sir.
k) Vanj dodamo vinsko kremo in moko.
l) Dodajte maslo vanjo.
m) Mešajte, dokler ne nastane testo.
n) Na krompirjevo zmes dodamo testo.
o) Jed pečemo petnajst minut.

71. Niçoise gobe Bourguignon

SESTAVINE:
- Dve žlici oljčnega olja
- Ena skodelica sesekljane bele čebule
- Ena žlica sesekljanega česna
- Tri žlice večnamenske moke
- Tri skodelice rezin gob
- Tri skodelice rdečega vina
- Ena čajna žlička mletega česna
- Tri žlice zmehčanega masla
- Ena vejica sveže sesekljanega rožmarina
- Ena vejica svežega sesekljanega timijana
- Ena vejica sesekljanega svežega peteršilja
- Dve skodelici zelenjavne osnove

NAVODILA:
a) Vzemite veliko ponev.
b) V ponev dodajte maslo in čebulo.
c) V ponev dodajte začimbe, zelišča in paradižnik.
d) Mešanico dobro prekuhamo.
e) V ponev dodajte rezine gob.
f) Prilijemo zelenjavno osnovo in ponev pokrijemo, da se zelenjava dobro skuha.
g) Ostale sestavine dodajte, ko se zelenjavna mešanica posuši.
h) Jed kuhamo deset minut.
i) Na vrh dodamo sesekljan peteršilj.

72. Fižol in zelenjava Cassoulet

SESTAVINE:
- En funt fižola
- Ena čajna žlička košer soli
- Dve žlici masla
- Ena čajna žlička črnega popra
- Peteršilj
- Ena čajna žlička česna v prahu
- Dve stebli zelene
- Ena skodelica čebule
- Dve skodelici mešane zelenjave
- Dva lovorjeva lista

NAVODILA:
a) Vzemite veliko skledo.
b) Po potrebi dodajte fižol in vodo.
c) V fižol dodajte sol in poper.
d) Segrejte maslo.
e) Dodamo sol in kuhamo, dokler ne postane rjavo.
f) Koščke zelenjave začinimo s poprom.
g) Dodajte čebulo v mešanico za kuhanje.
h) Dodamo česen, stebla zelene, peteršilj, lovorjev list in dodamo fižolovo zmes.
i) Fižol skupaj z vsemi sestavinami kuhamo petinštirideset minut.
j) Prepričajte se, da sta vsa zelenjava in fižol dobro premešani.
k) Na vrh dodamo sesekljan peteršilj.

73.Zelenjavni kruh Niçoise Pizza a

SESTAVINE:
- Pol kilograma mešane zelenjave
- Ena rumena čebula
- Dve skodelici mocarele
- Ena čajna žlička posušenega rožmarina
- Ščepec črnega popra
- Ščepec soli
- Ena skodelica paradižnikove omake
- Ena žlica parmezana
- Pol skodelice narezanih oliv
- Dve žlici oljčnega olja
- En paket testa za kruh

NAVODILA:
a) Testo za kruh razvaljamo v pekač.
b) Na testo namažemo paradižnikovo omako.
c) Na vrh omake dodajte zelenjavo in ostale sestavine.
d) Pico pečemo približno dvajset minut.
e) Po končanem posodi.

74. Niçoise krompir Au Vin

SESTAVINE:
- Ena skodelica krompirjevih kosov
- Ena žlica košer soli
- Ena žlica črnega popra
- Dve skodelici rdečega vina
- En lovorjev list
- Ena čajna žlička sladkorja
- Dve vejici timijana
- Ena skodelica korenja
- Ena čebula
- Ena čajna žlička sesekljanega česna
- Pol skodelice paradižnikove paste
- Peteršilj

NAVODILA:
a) Vzemite veliko skledo.
b) Vanj dodajte koščke krompirja.
c) Krompir začinimo s poprom in soljo.
d) Krompir zmešajte z rdečim vinom, lovorjevim listom in timijanom.
e) Pokrijte in marinirajte trideset minut.
f) Vanj dodamo mariniran krompir.
g) Kuhajte, dokler krompir ne postane zlato rjav.
h) Dodajte čebulo, korenje in vso zelenjavo.
i) Dodajte česen, paradižnikovo pasto in kuhajte eno minuto.
j) V mešanico dodajte preostale sestavine.
k) Kuhajte deset minut.

75. Niçoise Ratatouille

SESTAVINE:
- Ščepec košer soli
- Ena čajna žlička črnega popra
- Ena skodelica kosov jajčevca
- Ena skodelica koščkov bučk
- Četrtina skodelice sesekljanih majaronovih datljev
- Ena skodelica sesekljanega drobnjaka
- Ena skodelica češnjevih paradižnikov
- Pol skodelice poletnih slanih vejic
- Dve žlici mletega česna
- Dve žlici posušenega timijana
- Pol skodelice sesekljanega peteršilja
- Dve čajni žlički provansalskih zelišč
- Pol skodelice sesekljane čebule
- Dve žlici oljčnega olja
- Pol skodelice listov bazilike
- Ena skodelica rdeče paprike
- Ena žlica zdrobljene rdeče paprike
- En lovorjev list
- Pol čajne žličke listov komarčka

NAVODILA:
a) Vzemite veliko ponev.
b) Vanj dodajte oljčno olje in sesekljano čebulo.
c) Čebulo pražimo toliko časa, da postane svetlo rjave barve.
d) V ponev dodamo sesekljan česen.
e) Mešanico kuhajte pet minut.
f) Mešanico začinimo s soljo in poprom.
g) Dodamo začimbe in vso zelenjavo.
h) V skledo zdrobite češnjev paradižnik in dodajte sol.
i) Mešanico stresemo na krožnik, ko je zelenjava pečena.
j) V ponev dodamo zdrobljen paradižnik.
k) Paradižnike kuhamo deset minut oziroma toliko časa, da se zmehčajo.
l) V ponev ponovno dodajte zelenjavno mešanico.
m) Mešanico prekuhamo in ji dodamo sesekljane majaronove datlje, baziliko in liste peteršilja.

76. Zelenjavna enolončnica Niçoise

SESTAVINE:
- Dve žlici oljčnega olja
- En funt mešane zelenjave
- Dve žlici sesekljanega česna
- Dve skodelici sesekljane šalotke
- Ena skodelica sesekljane čebule
- Ena skodelica sesekljanega peteršilja
- Ena skodelica zelenjavne osnove
- Ena žlica Provansalskih zelišč
- Pol skodelice sesekljanega svežega timijana
- Pol skodelice sesekljanega svežega rožmarina
- Pol skodelice sesekljanega svežega drobnjaka
- Ena čajna žlička mešanice začimb v prahu
- Pol čajne žličke prekajene paprike
- En lovorjev list
- Pol čajne žličke soli
- Ena čajna žlička črnega popra

NAVODILA:
a) Vzemite veliko ponev.
b) V ponev dodajte vse sestavine in olivno olje.
c) Enolončnico dobro premešamo.
d) Enolončnico kuhamo deset do petnajst minut.

77. Vegetarijanska štruca Niçoise

SESTAVINE:
- Dve žlici oljčnega olja
- Pol skodelice sesekljane šalotke
- Ena skodelica narezane zelene paprike
- Ena čajna žlička mletega česna
- Ena skodelica narezanih jajčevcev
- Ena skodelica narezanih bučk
- Skodelica in pol večnamenske moke
- Ena čajna žlička črnega popra
- Pol skodelice narezanega paradižnika
- Pol čajne žličke soli
- Pol skodelice mleka
- Skodelica in pol švicarskega sira
- Oljčno olje za ščetkanje
- Tri cela jajca

NAVODILA:
a) Vzemite veliko ponev.
b) V ponev dodajte dve žlici olivnega olja in sesekljano šalotko.
c) Šalotko kuhamo nekaj minut, da postane svetlo rjava.
d) V ponev dodajte sesekljan česen, paradižnik, jajčevce, bučke in zeleno papriko.
e) Zelenjavo kuhamo deset minut.
f) V ponev dodajte sol in črni poper ter dobro premešajte.
g) Ugasnemo štedilnik in pustimo, da se mešanica ohladi.
h) Vzemite veliko skledo.
i) V skledo dodajte jajca in mleko.
j) Dobro premešamo in nato v skledo dodamo moko in zelenjavo.
k) Vse skupaj dobro premešamo.
l) Zmes vlijemo v pomaščen pekač.
m) Na vrh testa dodamo švicarski sir in po vrhu štruco namažemo z olivnim oljem.
n) Pekač postavimo v ogreto pečico in štruco spečemo.
o) Štruco po štiridesetih minutah vzamemo.

78. Gratinirana zelenjava Niçoise

SESTAVINE:
- Dve žlici sladkorja v prahu
- Pol skodelice mešanih zelenjavnih rezin
- Pol žlice mletih nageljnovih žbic
- Pol žlice cimeta
- Pol žlice muškatnega oreščka
- Pol skodelice nesoljenega masla
- Pol čajne žličke posušenega timijana
- Dve jajci
- Pol skodelice vinskega kamna
- Dve skodelici večnamenske moke
- Ena skodelica naribanega sira gruyere

NAVODILA:
a) Vzemite veliko ponev.
b) Segrevajte ga na srednje močnem ognju.
c) Dodajte sladkor vanjo.
d) Segrevajte, dokler ne postane zlato karamelne barve.
e) Dodajte rezine zelenjave, cimet, nageljnove žbice in muškatni orešček.
f) Ogenj povečamo in kuhamo pet minut.
g) Odstavimo z ognja in pustimo, da se ohladi.
h) Vzemite veliko skledo in vanjo dodajte sir.
i) Vanj dodamo vinsko kremo in moko.
j) Dodajte kuhano zelenjavo in ostale sestavine
k) skleda.
l) Sestavine dodamo v pekač.
m) Sestavine pečemo deset do petnajst minut.

79.Niçoise Vegetable Niçoise Dip sendvič

SESTAVINE:
- Štiri žlice zelenjavne osnove
- Tri žlice dijonske gorčice
- Dve žlici oljčnega olja
- Niçoise bagete
- Dve žlici sesekljanega svežega drobnjaka
- Četrtina skodelice rezin gob
- Sol po okusu
- Dve skodelici narezane paprike
- Črni poper po okusu
- Dve skodelici posušenih paradižnikov
- En paket rezine sira Niçoise
- Dve čajni žlički masla

NAVODILA:

a) Rezine gob in paprike popečemo v pečici tako, da jim dodamo maslo, sol in poper.
b) Popecite bageto in začnite oblagati podstavek s sestavinami.
c) V podstavek eno za drugo dodamo vse sestavine in na koncu še pečene gobe in papriko.
d) Zavijte bagete.
e) Sendvič lahko postrežete s katero koli omako ali pomako po želji.

80.Enolončnica iz belega fižola Niçoise

SESTAVINE:
- Dve žlici oljčnega olja
- En funt belega fižola (na pol kuhanega)
- Pol skodelice sesekljanih nageljnovih žbic
- Dve skodelici sesekljane šalotke
- Ena skodelica sesekljane čebule
- Ena skodelica sesekljanega peteršilja
- Ena skodelica zelenjavne osnove
- Ena žlica Provansalskih zelišč
- Pol skodelice sesekljanega svežega timijana
- Pol skodelice sesekljanega svežega rožmarina
- Pol skodelice sesekljanega svežega drobnjaka
- Ena čajna žlička mešanice začimb v prahu
- Pol čajne žličke prekajene paprike
- En lovorjev list
- Sol po okusu
- Črni poper po okusu

NAVODILA:
a) Vzemite veliko skledo.
b) V skledo dodamo vse sesekljane sestavine.
c) Vse sestavine dobro premešamo.
d) Vanj dodajte malo vode.
e) Mešanico zmešajte s paličnim mešalnikom.
f) Poskrbite, da bodo sestavine gladke.
g) Dodajte fižol v zmes.
h) Napol kuhan fižol v mešanici mariniramo petnajst minut.
i) Vzemite veliko ponev.
j) V ponev dodajte vse sestavine in olivno olje.
k) Enolončnico dobro premešamo.
l) Enolončnico kuhamo deset do petnajst minut.

81. Niçoise Mandljev Niçoise Toast

SESTAVINE:
- Štiri rezine kruha
- Ena žlica pecilnega praška
- Ena žlica vanilijevega ekstrakta
- Pol skodelice mandljevega mleka
- Ščepec soli
- Eno jajce
- Pol skodelice zdrobljenih mandljev

NAVODILA:
a) Vzemite veliko skledo.
b) Dodajte jajce v veliko skledo.
c) Jajca mešamo toliko časa, da nastane gladka zmes.
d) Preostale sestavine dodajajte eno za drugo in pazite, da ne nastanejo grozdi.
e) Segrejte veliko ponev.
f) Dodamo zmehčano maslo in ga segrejemo.
g) Rezine kruha potopite v skledo.
h) Rezine položimo v ponev in jih popečemo z vseh strani.
i) Rezine kruha kuhajte, dokler ne postanejo zlato rjave barve.
j) Na vrh dodamo zdrobljene mandlje.

82. Enolončnica iz leče Niçoise

SESTAVINE:
- Dve žlici oljčnega olja
- En funt leče (na pol kuhane)
- Pol skodelice sesekljanih nageljnovih žbic
- Dve skodelici sesekljane šalotke
- Ena skodelica sesekljane čebule
- Ena skodelica sesekljanega peteršilja
- Ena skodelica zelenjavne osnove
- Ena žlica Provansalskih zelišč
- Pol skodelice sesekljanega svežega timijana
- Pol skodelice sesekljanega svežega rožmarina
- Pol skodelice sesekljanega svežega drobnjaka
- Ena čajna žlička mešanice začimb v prahu
- Pol čajne žličke prekajene paprike
- En lovorjev list
- Sol po okusu
- Črni poper po okusu

NAVODILA:
a) Vzemite veliko skledo.
b) V skledo dodamo vse sesekljane sestavine.
c) Vse sestavine dobro premešamo.
d) Vanj dodajte malo vode.
e) Mešanico zmešajte s paličnim mešalnikom.
f) Poskrbite, da bodo sestavine gladke.
g) V mešanico dodajte lečo.
h) V mešanici petnajst minut mariniramo napol kuhano lečo.
i) Vzemite veliko ponev.
j) V ponev dodajte vse sestavine in olivno olje.
k) Enolončnico dobro premešamo.
l) Enolončnico kuhamo deset do petnajst minut.

83. Čebulne testenine v enem lončku Niçoise

SESTAVINE:
- Ena skodelica narezane čebule
- Dve žlici oljčnega olja
- Ena skodelica češnjevih paradižnikov
- En paket testenin
- Ena skodelica zelenjavne juhe
- Ena čajna žlička timijana v prahu
- Ena skodelica naribanega sira
- Pol čajne žličke prekajene paprike
- Ena skodelica vode
- Dve žlici mletega česna
- Dve žlici mletega ingverja
- Pol skodelice cilantra

NAVODILA:
a) Vzemite ponev.
b) Dodajte olje in čebulo.
c) Čebulo pražimo toliko časa, da postane mehka in zadiši.
d) Dodamo sesekljan česen in ingver.
e) Mešanico dobro prekuhamo.
f) Dodajte začimbe.
g) Dodajte v juho.
h) Sestavine previdno premešamo in ponev pokrijemo.
i) Testenine skuhamo po navodilih na embalaži.
j) Dodajte češnjeve paradižnike.
k) V zmes vmešamo testenine in nariban sir.
l) Na vrh dodajte koriander.

84. Solata iz leče Niçoise s kozjim sirom

SESTAVINE:
- Tri skodelice zelenjavne juhe
- Ena skodelica korenčka
- Pol skodelice svežega timijana
- Ena skodelica leče Niçoise
- Pol čajne žličke prekajene paprike
- Dve žlici mletega česna
- Pol skodelice sesekljane zelene
- Dve žlici oljčnega olja
- Dve žlici medu
- Ena skodelica kozjega sira
- Pol skodelice dijonske gorčice

NAVODILA:
a) Vzemite veliko ponev.
b) V ponev dodajte olje in lečo.
c) Lečo prepražimo in ji nato dodamo zelenjavno juho.
d) Pustite, da se leča kuha približno trideset minut oziroma dokler tekočina v ponvi ne izhlapi.
e) Dodajte preostale sestavine v skledo.
f) Vse sestavine dobro premešamo, da nastane homogena zmes.
g) Na vrh mešanice dodajte kuhano lečo.
h) Solato premešajte, da se prepričate, da je vse dobro premešano.

85. Umetna solata Niçoise

SESTAVINE:
- Štiri žlice oljčnega olja
- Pol skodelice sira ricotta
- Ena skodelica sira mozzarella
- Pol skodelice listov bazilike
- Četrtina čajne žličke origana
- Pol skodelice parmezana
- Dve skodelici zelenega graha
- Ena skodelica kislih kumaric
- Pol skodelice majoneze
- Ena skodelica jabolk

NAVODILA:
a) Vzemite skledo.
b) Dodajte vse mokre sestavine v skledo.
c) Vse sestavine dobro premešamo.
d) Dodajte preostale sestavine v skledo.
e) Dobro premešajte, dokler se suhe sestavine dobro ne prekrijejo.

86. Niçoise kokosova juha iz leče s karijem

SESTAVINE:
- Dve skodelici zelenjavne osnove
- Dve žlici strtega česna
- Sol po okusu
- Črni poper po okusu
- Dve žlici oljčnega olja
- Ena skodelica posušenega belega vina
- Ena skodelica čebule
- Dve žlici večnamenske moke
- Pol skodelice težke smetane
- Dve skodelici leče
- Ena skodelica kokosovega mleka
- En lovorjev list
- Dve žlici svežega timijana
- Rezine kruha Niçoise
- Sesekljan koper

NAVODILA:
a) Vzemite veliko ponev.
b) V ponev dodajte olje in čebulo.
c) Čebulo pražimo toliko časa, da postane zlato rjava.
d) V ponev dodamo strt česen.
e) V mešanico dodajte začimbe in lečo.
f) Dodamo večnamensko moko, smetano in posušeno belo vino.
g) Dodajte kokosovo mleko in nato dodajte zelenjavno osnovo.
h) Ponev pokrijte s pokrovom pet minut.
i) Pustite, da se juha dobro skuha.
j) Juho nadevamo v jušne sklede.
k) Po vrhu dodamo sesekljan svež koper.

87. Niçoise stročji fižol

SESTAVINE:
- Dve žlici dijonske gorčice
- En funt zelenega fižola
- Dve žlici mletega česna
- Pol skodelice suhega belega vina
- Pol skodelice cilantra
- Dve žlici oljčnega olja
- Ena žlica posušenega rožmarina
- Pol čajne žličke soli
- Ena čajna žlička črnega popra
- Posušen timijan, ena čajna žlička
- Pol čajne žličke prekajene paprike

NAVODILA:
a) Vzemite veliko ponev.
b) Vanj dodajte oljčno olje.
c) V ponev dodajte česen, stročji fižol in začimbe.
d) Fižol v začimbah kuhamo pet do deset minut.
e) V mešanico dodajte preostale sestavine.
f) Mešanico kuhajte, dokler ne začne vreti.
g) Kuhamo deset minut in nato odstavimo.

SLADICA

88. Panna Cotta s sivko in medom

SESTAVINE:
- 2 skodelici težke smetane
- 1/2 skodelice medu (po možnosti med s sivko)
- 1 čajna žlička vanilijevega ekstrakta
- 2 žlički želatine
- 2 žlici hladne vode
- Sveže jagode za okras

NAVODILA:
a) V ponvi segrejte smetano, med in vanilijev ekstrakt, dokler ne zavre.
b) Medtem raztopite želatino v hladni vodi in pustite stati nekaj minut.
c) Dodajte mešanico želatine topli smetani in mešajte, dokler se dobro ne združi.
d) Mešanico vlijemo v ramekins in ohladimo, dokler se ne strdi.
e) Postrežemo ohlajeno, okrašeno s svežimi jagodami.

89. Torta iz pomaranč in olivnega olja

SESTAVINE:
- 2 skodelici večnamenske moke
- 1 1/2 žličke pecilnega praška
- 1/2 čajne žličke sode bikarbone
- Ščepec soli
- 1 skodelica granuliranega sladkorja
- 1/2 skodelice ekstra deviškega oljčnega olja
- 3 velika jajca
- Lupina 2 pomaranč
- 1 skodelica svežega pomarančnega soka
- Sladkor v prahu za posipanje

NAVODILA:
a) Pečico segrejte na 350 °F (175 °C) in namastite pekač za torte.
b) V skledi zmešajte moko, pecilni prašek, sodo bikarbono in sol.
c) V drugi skledi stepite sladkor, olivno olje, jajca, pomarančno lupinico in pomarančni sok, dokler se dobro ne premešajo.
d) Postopoma dodajte suhe sestavine mokrim sestavinam in mešajte do gladkega.
e) Testo vlijemo v pripravljen pekač in pečemo, dokler zobotrebec ne izstopi čist.
f) Pustite, da se torta ohladi, nato pa jo pred serviranjem potresite s sladkorjem v prahu.

90.Niçoise Palmier Piškotek s

SESTAVINE:
- Pol čajne žličke muškatnega oreščka
- Ena čajna žlička ekstrakta vanilije
- Tri skodelice in pol moke
- Pol skodelice sladkorja
- Skodelica soljenega masla
- Ena žlica pecilnega praška
- Pol skodelice palmijevega sladkorja za posipanje
- Dve veliki jajci
- Pol čajne žličke košer soli

NAVODILA:
a) Vzemite veliko skledo.
b) Dodajte suhe sestavine v skledo.
c) Vse sestavine dobro premešamo.
d) V skledo dodamo maslo in ostale sestavine.
e) Nastalo zmes dodamo v pitno vrečko.
f) Na pekač oblikujte majhne piškotke v obliki srca in jih potresite s palminim sladkorjem.
g) Piškote pečemo dvajset minut.
h) Ko so piškoti pripravljeni, jih potresemo.

91. Niçoise Caneles

SESTAVINE:
- Dve skodelici mandljeve moke
- Dve jajci
- Ena žlica vanilijevega ekstrakta
- Skodelica mleka
- Žlico rastlinskega olja
- Skodelica večnamenske moke
- Pol skodelice polnozrnate moke
- Sol po okusu
- Voda do kolena

NAVODILA:
a) Vzemite skledo.
b) Vanj dodajte moko.
c) Dodajte sladkor vanjo.
d) Vanj dodajte mlačno vodo.
e) Odstavimo za pol ure.
f) Dodajte polnozrnato moko.
g) Dodajte sol in nekaj vode.
h) Mešanici dodajte jajca in vanilijev ekstrakt.
i) Dodamo mandljevo moko in nekaj mleka.
j) Sestavine dobro premešamo, da dobimo gladko zmes.
k) Po potrebi dodajte olje za gladkost.
l) Posodo kuhajte v vodni kopeli trideset minut.

92. Niçoise Cherry Clafoutis

SESTAVINE:
- Dve skodelici mleka
- Čajna žlička cimeta
- Pol skodelice težke smetane
- Pol skodelice belega sladkorja
- Čajna žlička soli
- Dve jajci
- Čajna žlička ekstrakta limone
- Čajna žlička mandljevega ekstrakta
- Dve skodelici večnamenske moke
- Skodelica masla
- Skodelica izkoščičenih češenj

NAVODILA:
a) Vzemite srednjo skledo.
b) Vanj dodajte stopljeno maslo.
c) Vanj dodajte smetano in cimet.
d) Dodamo moko in dobro premešamo.
e) Po potrebi dodajte mleko in sol.
f) Po potrebi dodajte sladkor in sol.
g) Dobro jih premešamo.
h) Dodajte jajca, češnje, limonin in mandljev ekstrakt skupaj.
i) Mešajte nekaj minut.
j) Dodajte material na pekač.
k) Material pečemo dvajset minut, dokler rahlo ne postanejo
l) rjav.

93. Niçoise kokosova pita

SESTAVINE:
- Skodelica posušenega kokosa
- Pol skodelice vode
- Skodelica samovzhajajoče moke
- Pol skodelice masla
- Jedilna žlica mleka
- Žlička pecilnega praška
- Dve jajci
- Skodelica rjavega sladkorja

NAVODILA:
a) Vzemite ponev.
b) Dodajte maslo.
c) Ko se stopi, dodamo mleko in moko.
d) Sestavine zmešamo, da nastane testo.
e) Ko je testo oblikovano, izklopite štedilnik.
f) Dodajte mešanico v skledo.
g) Vanj dodajte posušen kokos.
h) V skledo dodajte preostale sestavine in premešajte.
i) Vse sestavine zmešamo in testo razdelimo v pekač za pite.
j) Zmes pečemo petinštirideset minut.

94. Tartleti meringue s pasijonko in limono

SESTAVINE:
- Dve skodelici pasijonke
- Pol skodelice masla
- Paket testa za tart
- Pol skodelice težke smetane
- Dve žlici limonine lupinice
- Pol skodelice sladkorja

NAVODILA:
a) Vzemite veliko skledo.
b) Dodajte smetano in jo dobro stepite.
c) Penasto naredimo in nato dodamo maslo in sladkor.
d) Mešanico dobro stepite in nato dodajte pasijonko in limonino lupinico v maslu.
e) Mešanico pravilno premešajte.
f) Testo za tart nadevamo v pomaščene pekače za tart.
g) Na vrh dodajte zmes.
h) Jed pravilno pečemo deset do petnajst minut.

95. Niçoise Pear Tart

SESTAVINE:
- Dve skodelici rezin hrušk
- Pol skodelice masla
- Paket testa za tart
- Pol skodelice težke smetane
- Pol skodelice sladkorja

NAVODILA:
a) Vzemite veliko skledo.
b) Dodajte smetano in jo dobro stepite.
c) Penasto naredimo in nato dodamo maslo in sladkor.
d) Mešanico dobro premešajte in nato maslu dodajte rezine hrušk.
e) Mešanico pravilno premešajte.
f) Testo za tart nadevamo v pomaščene pekače za tart.
g) Na vrh dodajte zmes
h) Jed pravilno pečemo deset do petnajst minut.

96. Strawberry Frasier in torta iz šifona Lillet

SESTAVINE:
- Četrtina skodelice lillet blanc
- Pol skodelice vinskega kamna
- Četrtina skodelice sladkorja
- Četrt žličke mletega kardamoma
- Skodelica moke
- Ščepec pecilnega praška
- Jajce
- Za preliv:
- Dve skodelici rezin jagod
- Skodelica stepene smetane

NAVODILA:
a) Vzemite veliko skledo.
b) V skledo dodajte vse sestavine razen rezin jagod.
c) Prepričajte se, da je pekač primerno namaščen in obložen s pergamentnimi papirji.
d) Pecite torto.
e) Po končani posodi.
f) Na vrh torte dodajte stepeno smetano.
g) Obložimo ga z rezinami jagod.

97. Niçoise Poire z oranžno

SESTAVINE:
- Pol skodelice rjavega sladkorja
- Čajna žlička vanilijevega ekstrakta
- Štiri cele hruške
- Skodelica in pol pomarančnega soka
- Pol skodelice orehov
- Pol skodelice belega sladkorja
- Čajna žlička cimeta v prahu

NAVODILA:
a) Vzemite veliko ponev.
b) V ponev dodajte vse sestavine razen hrušk.
c) Sestavine dobro prekuhajte.
d) Zmes kuhamo toliko časa, da se sladkor raztopi.
e) Hruške pokrijte z omako.
f) Hruške ohladite eno uro.

98.Niçoise čokoladni mousse

SESTAVINE:
- Dve skodelici mandljeve moke
- Pol skodelice čokolade
- Dve jajci
- Jedilna žlica ekstrakta vanilije
- Skodelica mleka
- Žlico rastlinskega olja
- Skodelica večnamenske moke
- Pol skodelice polnozrnate moke
- Ščepec soli

NAVODILA:
a) Vzemite skledo.
b) Vanj dodajte moko.
c) Vanj dodajte stopljeno čokolado in sladkor.
d) Vanj dodajte mlačno vodo.
e) Odstavimo za pol ure.
f) Dodajte polnozrnato moko.
g) Dodajte sol in nekaj vode.
h) Mešanici dodajte jajca in vanilijev ekstrakt.
i) Dodamo mandljevo moko in nekaj mleka.
j) Sestavine dobro premešamo, da dobimo gladko zmes.
k) Material hladite eno uro.

99. Niçoise čokoladno pecivo

SESTAVINE:
- Dve skodelici mleka
- Pol skodelice belega sladkorja
- Čajna žlička soli
- Dve jajci
- Dve žlici kakava v prahu
- Čajna žlička ekstrakta limone
- Čajna žlička mandljevega ekstrakta
- Dve skodelici večnamenske moke
- Skodelica masla
- Čajna žlička suhega kvasa

NAVODILA:
a) Vzemite srednjo skledo.
b) Vanj dodajte maslo.
c) Dodamo moko in dobro premešamo.
d) Mešanico ohladite.
e) Vzemite veliko skledo in vanjo dodajte kvas.
f) Dodajte sladkor, sol in mleko.
g) Mlečno mešanico zmešamo z moko.
h) Dodajte kakav v prahu, jajca, ekstrakt limone in ekstrakt mandljev skupaj.
i) Testo gnetite do enotnega.
j) Na testo položimo maslo in ga prepognemo.
k) Iz zvitka testa pripravite pecivo.
l) V testo za pecivo dodajte smetano.
m) Pečemo jih deset minut.
n) Pecivo je pripravljeno za postrežbo.

100.Niçoise kremasta pita

SESTAVINE:
- Dva rumenjaka
- Pol skodelice vode
- Skodelica samovzhajajoče moke
- Pol skodelice masla
- Jedilna žlica mleka
- Žlička pecilnega praška
- Skodelica rjavega sladkorja

NAVODILA:
a) Vzemite ponev.
b) Dodajte maslo.
c) Ko se stopi.
d) Dodamo mleko in moko.
e) Sestavine zmešamo, da nastane testo.
f) Ko je testo oblikovano, izklopite štedilnik.
g) Dodajte mešanico v skledo.
h) V skledo dodajte preostale sestavine in premešajte.
i) Vse sestavine zmešamo in testo razdelimo v pekač za pite.
j) Zmes pečemo petinštirideset minut.

ZAKLJUČEK

Ko zaključujemo našo kulinarično odpravo z "Kuhinja najbolj sončnega mesta v franciji, ki jo je navdihnila tržnica nicoise" upamo, da ste izkusili čare živahne kulinarične scene Nice v udobju svoje kuhinje. Vsak recept na teh straneh je praznovanje s soncem obsijanih trgov, sredozemskih vplivov in provansalskega šarma, ki opredeljujejo gastronomsko identiteto mesta.

Ne glede na to, ali ste uživali v svežini solate niçoise, se predajali bogatim okusom bouillabaisse ali uživali v citrusni sladkosti tarte aux citrons, verjamemo, da vas je teh 100 receptov popeljalo v osrčje francoske riviere. Poleg sestavin in tehnik naj se duh Nice zadržuje v vaši kuhinji in vas navdihne, da svoje obroke prepojite s toplino, živahnostjo in eleganco, ki opredeljujejo kuhinjo Niçoise.

Ko nadaljujete z raziskovanjem kulinaričnih bogastev francoske riviere, naj bo "Niçoise" vaš spremljevalec, ki vas bo vodil skozi tržnice, morje in očarljive okuse, zaradi katerih je ta regija pravi gastronomski zaklad. Tukaj je, da uživate v živahnem duhu Nice in na svojo mizo prinesete kulinarične užitke najbolj sončnega mesta – dober tek!

www.ingramcontent.com/pod-product-compliance
Lightning Source LLC
Chambersburg PA
CBHW050200130526
44591CB00034B/1598